Mosaik

Oskar Hodosi

Tantra Partnerschaft

Neue Dimensionen der Liebe
durch eine jahrtausendealte Kultur

Mosaik Verlag

Die Übungen werden dargestellt von Oskar Hodosi und Michaela Trpin.
Fotos von Werner W. Groher

Für ihre Mithilfe danke ich Kurt Elsinger und Helga Trpin.

Der Mosaik Verlag ist ein Unternehmen der Verlagsgruppe Bertelsmann.

© 1992 Mosaik Verlag GmbH, München / 5 4 3 2 1

Einbandgestaltung: Petra Dorkenwald
Einbandfoto: Werner W. Groher
Buchgestaltung: Hubertus Hepfinger, Freising
Redaktion: Monika König

Satz: Buchmacher Bär, Freising
Druck und Bindung: Egedsa, Barcelona
Printed in Spain   DLB: 10661-92

ISBN 3-576-10013-X

Inhalt

Vorwort

Liebe und Sexualität – sie gehören zu den schönsten Seiten des Lebens. Deshalb suchen Mann und Frau danach, ein Leben lang. Finden sie den Schatz, so gehen sie Partnerschaften ein: Die unbeschwerten Zeiten sind damit nicht selten beendet. Seelische Probleme tauchen auf, die oft sexuelle Störungen hervorrufen. Diese können die Partner stark belasten und zur Ursache von Beziehungskrisen werden.

Wie man ein unbeschwertes Verhältnis zur Sexualität gewinnen kann, versuche ich im ersten Teil des Buches zu vermitteln. Die Atem-, Partnerschafts- und Energieübungen, die im zweiten Teil beschrieben sind, bilden die wesentliche Grundlage, um gemeinsam zur Kunst der sexuellen Ekstase im Tantra zu finden.

Nach jahrelanger Praxis des Yoga gelangte ich zusammen mit meiner Partnerin und unter der Vermittlung und Anleitung tantrischer Meister zum Tantra. Ich danke Michaela für die Mitarbeit an diesem Buch.

Wir beide wünschen Ihnen, liebe Leserin und lieber Leser, viel Freude am Buch – und vergessen Sie nie, daß alleiniges Lesen nur tote Erfahrung ist.

Das folgende Zitat aus der altpersisch-iranischen Lehre des Ahura Mazda, 3000 vor Christus, spirituelles Gegenstück zu den indischen Veden, möge Sie begleiten:

»Die schlimmste Untat des höchsten Wesens ist es, den Menschen als Mann und Frau zu einem langen Zölibat zu verdammen. DIE LIEBE IST LICHT, DIE KEUSCHHEIT BLEIBT FINSTERNIS.«

Wien, im Dezember 1991   *Oskar Hodosi*

Begegnen und Erkennen

Glücklich sein, lachen, sich freuen, jeden Tag genießen, ob allein oder mit dem Partner, das wollen wir alle, aber oft fällt es uns schwer. Ängste, Sorgen und Probleme verhindern, daß wir uns einander öffnen und gemeinsame Momente genießen. Es ist angenehm, die Sonne zu fühlen, doch viel intensiver wird das schöne Gefühl, wenn wir gemeinsam im Sonnenlicht baden, gemeinsam uns selbst und den anderen entdecken, die Lust am Leben genießen, aufeinander neugierig sind und bleiben.

Die praktischen Übungen dieses Buches sollen Ihnen dabei helfen, gemeinsam Lebensfreude zu entdecken. Sollte Ihr Partner zunächst kein Verständnis, kein Interesse oder keine Zeit haben, werden Sie nicht gleich mutlos. Beginnen Sie mit sich selbst und werden Sie aktiv. Sprechen Sie offen mit Ihrem Partner und animieren Sie ihn durch die Fotos im Buch zu gemeinsamen praktischen Übungen wie zum Beispiel der Massage.

Sind Sie ohne festen Partner, machen Sie sich bewußt, wie einzigartig und wertvoll Ihr Leben ist, wie schön es ist, viel Zeit für sich selbst zu

Im Tantra hat jeder den Freiraum, sich eigenständig zu entwickeln.

haben. Nutzen Sie diese Zeit. Denken Sie daran, daß Alleinsein nichts mit Einsamkeit zu tun hat. Lernen Sie auch mit Hilfe dieses Buches sich zu öffnen, auf andere Menschen zuzugehen und sich mitzuteilen. Viele Menschen warten darauf, haben aber Angst davor, selbst damit zu beginnen.

In letzter Zeit wurden viele Bücher über Tantra geschrieben. Die Sexualität als treibende Kraft des Lebens wurde wohl hervorgehoben, doch wurde in ihnen oft etwas sehr Wichtiges nicht behandelt: die Befreiung von aufgezwungener Moral, die auch zu sexuellen Problemen führen kann. Wenn wir die Zusammenhänge von seelischer Unausgeglichenheit und sexuellen Problemen erkennen, gemeinsam mit unserem Partner daran arbeiten, können wir zur vollkommenen Hingabe und Lust an der Sexualität und zu einer erfüllten Partnerschaft finden. Erst dann sind wir für das höhere Tantra bereit. Kopieren Sie nicht das Leben anderer, sondern finden Sie zu Ihren eigenen Wünschen und Vorstellungen. Haben Sie auch den Mut, diese in Ihrer Beziehung praktisch umzusetzen. Nicht eine freie Verbindung, sondern eine verbindende Freiheit streben beide Partner im Tantra an. Im Idealfall hat jeder den Freiraum, sich eigenständig entwickeln zu können, wobei die Liebe und das Vertrauen zueinander sehr wesentlich sind. Die Einheit anzustreben ist das gemeinsame Ziel. In der Sexualität erspüren beide die zusammenführende Energie, erkennen Gott und sind frei von Geburt und Tod. Dies wird im Tantra als Erleuchtung *(Samadhi)* erlebt.

Schritt für Schritt will ich Ihnen meine Erfahrungen mit Tantra nahebringen und zeigen, wie klärend und bereichernd eine Partnerschaft sein kann. Die in diesem Buch abgebildeten, von meiner Partnerin Michaela und mir dargestellten praktischen Übungen helfen Ihnen dabei.

FREIWERDEN DURCH TANZEN

Beginnen Sie, liebevoller mit sich selbst umzugehen, denn wie kann ich von meinem Partner Hingabe und Zärtlichkeit wünschen, wenn ich diese selbst nicht spüre und geben kann.

Eine wesentliche Übung dafür ist der Tanz. Bewegen Sie sich zu einer Musik, die Sie mögen. Nicht nur, daß dadurch Ihre Kondition spielerisch trainiert wird. Durch Dehnen der Sehnen, Bänder und Muskeln fühlen Sie Ihren Körper, verbessern Ihr Körperbewußtsein. Im Tanz spüren Sie Ihre Verspannungen. Lösen Sie diese, indem Sie Ihr Becken, Ihre Schultern und den Nackenbereich im Rhythmus der Musik wiegen und schwingen. Genießen Sie den vielleicht auftretenden, leichten Schwindel und geben Sie sich der Ekstase hin. Spüren Sie die Vibration der Musik bis in die Fingerspitzen und zeigen Sie Ihre Gefühle und Emotionen im Ausdruck Ihres Gesichtes und des Körpers. Lassen Sie Ihrer Phantasie freien Lauf. Werden Sie kreativ und finden Sie zu neuen Ausdrucksmöglichkeiten, denn vorbestimmte Schritt-

folgen, eine »genormte« Art der Bewegung, wie sie in Diskotheken oft zu sehen sind, hemmen und verspannen nur noch mehr.

Geben Sie Ihrem Körper die Möglichkeit, ohne Vorschriften und Zwänge zu »fließen«. Tanzen Sie zusammen, wenn Sie Lust dazu haben und teilen Sie sich über Ihren Körper dem anderen mit.

Tanzen und zum Tanz werden, ist innere Befreiung. Durch sie öffnen Sie sich und gelangen zu Ihrem Inneren. Nicht ohne Grund zeigen die Tantriker ihre Vereinigung mit der Urkraft GOTT durch die Ekstase im Tanz. Erfährt man grenzenlose Liebe, so wiegt man sich wie eine Blume im Atem dieser Erfahrung. Neigen Sie sich dem Tanz Ihres Lebens zu, und Sie haben den ersten wesentlichen Schritt zu Tantra getan.

In keiner Religion oder Gemeinschaft findet die partnerschaftliche Beziehung jene Offenheit, Dimension und Intensität, die im Tantra angestrebt wird.

Zu Tantra und Partnerschaft gelangte ich durch mein eigenes Leben. Jahrelang krank, ohne Aussicht auf Gesundung, klammerte ich mich an meine damalige Ehe und zerstörte sie dadurch. Mein Sohn und meine Frau waren der einzige Halt. Ich war ständig auf der Flucht vor dem für mich großen Schritt des Erwachsenwerdens. Die fünfzehnjährige Ehe zerbrach, ich war auf mich allein gestellt. Über Selbsterfahrungsgruppen gelangte ich zu Zen und der Vipassanameditation. Ich trat der buddhistischen Religionsgemeinschaft bei. Ausgezeichnete östliche Meditationslehrer öffneten mir den Weg zum Yoga, das seit fünfzehn Jahren mein ständiger Lebensbegleiter ist.

Ausgedehnte Reisen, Kontakt mit Schamanismus und Sufismus rundeten meine spirituelle Entwicklung ab. Ich wurde gesund, gewann ei-

1 *Tanzen und zum Tanz werden ist innere Befreiung.*

ne vollkommen neue, freiere Lebenseinstellung, die ich in Seminaren, Kursen und in meiner kreativen Arbeit als Künstler weiter vermittle. Über die Yogapraxis gewann ich Kontrolle über meinen Körper, erlernte durch geheime Techniken von meinem Freund und Lehrer Swami Gyanander in Delhi Atmung, Herzschlag und Gedankenwellen nach Belieben stillstehen zu lassen. Meine Angst vor dem Tod löste sich auf, indem ich in der Meditation – in Nichts und Leere eintauchend – das jenseitige Ufer, den Tod, kennenlernte. Ich klärte den Schatten, der uns von Geburt und Tod trennt, erkannte aber die Mauer, welche mir die Sicht zum Leben nahm.

Durch die Begegnung mit Yogi Scharma aus Khajuraho setzte ich mich mit Tantra auseinander und lernte die verschiedensten Richtungen kennen.

Oft wird Tantra mißverstanden und gleichgesetzt mit Ausschweifung oder es wird irrtümlich angenommen, Tantra diente der Machtgewinnung durch sexuelle Vereinigung. Tantra ist viel mehr und ich durfte es kennenlernen und erleben.

Die Partnerschaft mit Michaela ist für mich eine große Bereicherung und ein weiser Lehrmeister, der zeigt, wie ich Yoga wirklich umsetze.

Statt allein, wie im Yoga, erfahre und genieße ich im Tantra zu zweit. Denn Tantra soll nicht nur logisch erfaßt, sondern erspürt werden. Ich weiß nun, daß wirkliche spirituelle Entwicklung durch eine wertfreie Moral und Askese erblüht. Aufgezwungene Moral und Askese schaffen nur inneren Zwiespalt und Verdrängung von Emotionen und sexuellen Bedürfnissen. Im und durch das Tantra können Michaela und ich uns gemeinsam öffnen für das Leben in all seinen Nuancen und einander unsere Bedürfnisse und Probleme mitteilen.

Was hindert uns alle immer wieder daran, uns dem Leben in seinen vielen Nuancen hinzugeben und uns dem Partner offen mitzuteilen? Geht man durch die Straßen und beobachtet die Gesichter um sich oder blickt ganz einfach in den Spiegel, so könnte man oft glauben, es herrsche Trauer. Menschen mit Ängsten, Problemen und Sorgen, überlastet vom Leben, zeigen dies durch ihre gebeugte Haltung, ihre traurigen Augen und müden Gesichter. Wenige sprechen darüber, viele isolieren sich. Hektik, Stress, Straßenlärm und Werbung, Gelesenes, Gehörtes, Wachträume, tausend aufblitzende Gedanken: Unzählige »Sender« überschwemmen uns. Kinder schreien oder weinen, und Erwachsene zeigen sich darüber empört. Doch in Wirklichkeit fühlen sie sich gestört vom eigenen inneren Kind, das fühlt und dies ausdrücken will. Als Kind konnten wir unsere Wünsche noch spontan ausdrücken. Direkt forderten wir Liebe und Zuwendung, zeigten unsere Liebe und auch unsere Wut. Wir verbargen weder Lachen noch Weinen. Nackt zeigten wir uns ohne Scheu und Hemmungen. Obwohl uns Vater und Mutter aus den verschiedensten Gründen manchmal Liebe und Zuwendung versagten, waren sie – und sind es noch – die wichtigsten Personen für uns. Über Umwege und kindlichen Charme lernten wir die Zärtlichkeit und Umarmung oft doch durchzusetzen. Leider wurde uns aber auch beigebracht, Gefühle und Emotionen zu unterdrücken.

Weinenden kleinen Buben wird auch heute noch erklärt, daß nur Mädchen derartige Gefühle zeigen dürften. Jungen sollen stark und beherrscht sein. Daran nagen wir Männer,

18

wenn wir erwachsen sind. Nicht umsonst neigen Männer eher zu Herzbeschwerden und sterben – noch – häufiger an Infarkten als Frauen. Statt unsere Emotionen zu zeigen, unterdrücken wir sie. Und irgendwann explodieren sie dann in uns.

Von Töchtern wird hingegen oft erwartet, daß sie lieb und adrett sind. Die Frau möge sich dem Mann anpassen und unterordnen. Vegetative Beschwerden und Unterleibserkrankungen weisen bei der erwachsenen Frau auf die Unterdrückung ihrer Bedürfnisse nach Selbstverwirklichung und sexueller Erfüllung hin.

Dazu übernehmen wir viele in unserer Kindheit anerzogene und vorgelebte Ängste, Hemmungen und Vorurteile.

Wir verdrängen diese unangenehmen Erfahrungen, und doch wirken sie in uns und äußern sich schlimmstenfalls durch körperliche oder seelische Erkrankungen.

Wir haben verlernt, uns darüber auszusprechen, und schieben nicht selten die Schuld daran dem Partner oder anderen unschuldigen Mitmenschen zu.

Wie können wir uns offen und unbefangen einer Partnerbeziehung hingeben, wenn wir zu uns selbst eine gestörte Beziehung haben, uns unbefriedigt, verlassen und enttäuscht fühlen. Viele Menschen sind aus verschiedenen Gründen überlastet, verspannt und nervös. Statt sich der Partnerin, dem Freund oder einem Arzt anzuvertrauen, greifen sie zum Alkohol (vorwiegend Männer) und zu Beruhigungs- oder Schlaftabletten (vorwiegend Frauen). Die Statistik spricht von einer Dunkelziffer, derzufolge ein Drittel der erwachsenen Bevölkerung betroffen ist. Der Gebrauch solcher Drogen führt häufig in die Abhängigkeit, was die Situation des Betroffenen noch verschlimmert.

Die Schwachen, Kranken und Verlassenen werden nicht selten gemieden und an kirchliche oder sozialtherapeutische Institutionen abgeschoben, während Menschen mit Tatkraft und Durchsetzungsvermögen allseits bevorzugt werden. Unsere eigene Angst vor dem Alleinsein und Verlassenwerden verdrängen wir und wollen durch nichts daran erinnert werden. Das Leben konfrontiert uns immer wieder mit Problemen, von denen nur wenige verarbeitet werden. Denn um Probleme zu verarbeiten, müssen wir sie erst erkennen und bereit sein, uns damit auseinanderzusetzen. Es wäre daher falsch, die Schuld an eigenen Frustrationen der Umwelt oder womöglich dem Partner zuzuschieben, denn durch eine solche Einstellung entzieht man sich jeglicher Konfrontation, verändert nichts in seinem Leben und alles bleibt beim alten. Bestrafen Sie Ihren neuen Partner nicht grundlos mit Liebes- oder Sexualentzug, nur weil Sie sich noch nicht von vergangenen Enttäuschungen befreit haben. Sie wiederholen nur das alte Spiel und entfremden sich Ihrem Partner. Vertrauen Sie sich Ihrem Partner an, denn nicht ohne Grund sind Sie einander begegnet. Beginnen Sie jetzt damit.

SEXUELLE PROBLEME

Sexuelle Probleme verursachen nicht nur Partnerschaftskrisen, sie äußern sich auch in der Unlust am eigenen Erleben. Es ist hilfreich und unumgänglich, sich mit ihren Ursachen auseinanderzusetzen.

Wer unter Schüchternheit leidet oder dem Gefühl, immer wieder unweigerlich zu versagen, wird auf Mißerfolge im Beruf und Enttäuschungen in seiner Beziehung zum Partner nicht lange warten müssen. Die Lebenseinstellung wird pessimistischer, die sozialen Probleme häufen sich.

Das Gefühl, zu versagen, Schüchternheit und Gehemmtheit, haben ihre Ursachen in Kindheit und Jugend, in einer übertrieben kritischen oder lieblosen Erziehung – versuchen Sie, mehr darüber herauszufinden.

Falls Sie mit Ihrem Körper unzufrieden sind, sich unattraktiv fühlen: Machen Sie sich klar, daß Sie Ihr Aussehen verbessern können. Setzen Sie sich mehr mit Ihrem Körper auseinander, aber stehen Sie dabei zu Ihren Unzulänglichkeiten und vergleichen Sie sich nicht ständig mit anderen. Eifern Sie nicht einem bestimmten Schönheitsideal nach, sondern unterstreichen Sie Ihre eigenen Besonderheiten. Achten Sie darauf, fest auf dem Boden der Tatsachen zu stehen, Ihre Träume und Wünsche zu realisieren und die aus mangelndem Selbstwertgefühl entstandenen sexuellen Probleme gemeinsam mit Ihrem Partner zu lösen. Sie selbst können sich ändern, wenn Sie es nur wollen und regelmäßig etwas dafür tun. Machen Sie sich immer wieder klar, daß Sie ein einmaliger und wertvoller Mensch sind.

Es ist besser, sich nach einer enttäuschenden Beziehung nicht sofort in die nächste Affäre zu stürzen. Vermutlich benötigen Sie Zeit, Ihr emotionales Gleichgewicht wieder aufzubauen und sich als eigenständiger Mensch zu entdecken.

Sexualangst, Leistungsdruck und Erektionsprobleme

Erregungsfähigkeit und die damit verbundene sexuelle Befriedigung werden durch Sexualangst beeinträchtigt. Schuld- oder Angstgefühle beim Sex werden meist hervorgerufen durch falsche Erziehung oder durch negative schockierende sexuelle Erlebnisse. Der Betroffene gesteht sich nicht zu, sexuelle Gefühle zu entwickeln und meidet sexuellen Kontakt und Masturbation. Dies kann zum Beispiel bei der Frau zu mangelnder Erlebnisfähigkeit und Lust auf Sex führen. Beim Mann können durch Sexualängste Erektionsschwierigkeiten entstehen. Aber auch Krankheit, chirurgische Eingriffe, Alkohol und Drogen können die Erektionsfähigkeit beeinträchtigen. Bei den meisten ist das Problem seelisch und nicht körperlich bedingt, wobei »Versagensangst« die am weitesten verbreitete Ursache für Erektionsprobleme ist: der selbst geschaffene Druck, der Geschlechtspartnerin beweisen zu müssen, was für ein guter Liebhaber man ist.

Orgasmusprobleme

Den sexuellen Höhepunkt unbedingt erreichen zu wollen, führt, vorwiegend bei Frauen, zu Problemen. Man kann sexuell erregt sein, ohne einen Orgasmus zu haben - ein Orgasmus ist aber erst möglich, wenn man sexuell erregt ist. Daher sollte man die Intensität des Liebesspieles nicht vom Orgasmus abhängig machen, sondern die sexuelle Erregung genießen. Es ist Ergebnis wissenschaftlicher Studien: Frauen brauchen länger als Männer, um den Höhepunkt zu erreichen. Vorzeitige Ejakulation des Mannes verhindert dies. Oft braucht ein Paar Zeit, damit sich die Partner aneinander gewöhnen können.

Es ist schwierig, sich der Liebe ganz hinzugeben und erst recht den Orgasmus zu erleben, wenn dafür nicht die nötige Ruhe und Atmosphäre vorhanden sind. Ändern Sie Ihre passive Haltung und werden Sie aktiv. Holen Sie sich

Ihre sexuelle Erfüllung oder klären Sie Ihren Partner auf, was und wie es für Sie angenehm ist. Alles ist erlaubt, wenn es dem Partner auch Spaß macht.

Verändern Sie die Positionen und verlängern Sie das Vorspiel, indem Sie zu Ihrem Partner zärtlich sind, ihn mit Gefühl anfassen, erogene Zonen am Körper entdecken und sich und Ihren Partner stimulieren. Erforschen Sie, was Ihnen selbst beim Masturbieren Lust bereitet. Vertrauen Sie Ihrem Partner und zeigen Sie Ihre Erregung in Bewegung und Atem, äußern Sie Ihre sexuellen Wünsche und Vorstellungen in ungehemmten Worten. Denken Sie nicht an den Orgasmus und geben Sie sich ganz der Lust hin.

Mißbrauchen Sie nie das Vertrauen, das Ihnen Ihr Partner in der Sexualität entgegenbringt, sonst zerstören Sie die Beziehung.

Furcht vor Schwangerschaft

Die Furcht vor einer ungewollten Schwangerschaft kann die vollkommene Hingabe beim Geschlechtsakt beeinträchtigen. Eine sinnvolle Empfängnisverhütung löst dieses Problem. Jedes Paar sollte sich aus den verschiedenen Methoden die individuell richtige heraussuchen – und die sollte nicht nur Sache der Frau bleiben, auch der Mann sollte dafür Interesse zeigen.

Penetrationsangst

Sie entsteht nach einem schmerzhaften oder traumatischen Erlebnis beim Geschlechtsverkehr, zum Beispiel einer Vergewaltigung. Auch eine sexualfeindliche Erziehung kann Verursacher sein. Schmerzen bei der Penetration entstehen durch reflexartige Verkrampfungen der Scheide. Das Phänomen verschwindet meist,

wenn die Betroffene – allmählich – gelernt hat, Vertrauen in sich, ihren Körper und die Vorgänge beim Geschlechtsverkehr zu fassen. Ein Therapeut kann sicher helfen, das Problem schneller zu überwinden.

Wer versucht, einen Streit oder Beziehungskonflikte durch Sex zu schlichten, läuft damit nicht selten einer Auseinandersetzung mit dem Partner davon. Das rächt sich: Oft hat dann einer der Partner wenig Lust oder kann keine liebevollen Gefühle entwickeln. Es ist also auf jeden Fall sinnvoll, den Konflikt auszutragen; ist die Luft erst geklärt, kann man die Versöhnung immer noch im Bett feiern.

Seelische Probleme, die zu sexuellen Konflikten führen, werden leider häufig verdrängt und andere, falsche Gründe vorgeschoben. Manche passen auch ihr Verhalten an: Sie erklären sexuelle Enthaltsamkeit und Askese zu ihrem bewußt gewählten Ziel, anstatt sich einzugestehen, daß eigentlich ihre Probleme sie von einem erfüllten Sexualleben abhalten. Richtig angewendete Askese hingegen steigert die genitalfixierte Lust über das Körperbewußtsein zur spirituellen Ekstase. (Zum Thema Askese siehe auch Seite 137).

Auch mit dem Begriff *Perversion* wird häufig falsch umgegangen. Jegliche sexuelle Praktik ist erlaubt und bereichert die Beziehung, wenn beide Partner Gefallen daran finden. Zwingt man aber dem anderen etwas auf, das ihm Ekel und Widerwillen bereitet und empfindet daran Lust und Freude, so wird eine harmonische Beziehung damit ausgeschlossen. Was pervers ist, hängt stark von der Definition des Begriffs ab. Aufgrund verschiedenster Enttäuschungen in unserem Leben treten in Partnerschaften häufig Bestrafungstendenzen auf: Der Partner bestraft durch zeitweiligen Liebesentzug oder sexuelle Verweigerung. Wir sollten uns darüber im klaren sein, daß wir dadurch der eigentlichen Thematik der Auseinandersetzung ausweichen. Sprechen Sie lieber offen mit Ihrem Partner über Ihre Gedanken und Wünsche. Damit können Sie schrittweise ihre Hemmungen abbauen. Überwinden Sie Ihre Schüchternheit und behaupten Sie sich, indem Sie durch das Kennenlernen Ihres Körpers Ihr Körperbewußtsein weiterentwickeln.

Legen Sie Wert auf Ihr Aussehen und bejahen Sie Ihre Sexualität (1).

Steigern Sie das Lustempfinden dadurch, daß Sie sich darauf konzentrieren. Lernen Sie allmählich, sich und Ihren Partner richtig zu stimulieren, das Lustgefühl anzuregen, aufmerksam und zärtlich zu sein.

Gewinnen Sie durch die folgenden Übungen allmählich eine offenere Einstellung zu Ihrer Sexualität.

1 Bejahen Sie Ihre Sexualität.

Die weiblichen Genitalien

Die äußeren weiblichen Geschlechtsteile bezeichnet man als Vulva (1), die inneren als Vagina (2) [a=große Schamlippen, b=Klitoris, c=Harnröhrenöffnung, d=kleine Schamlippen, e=Scheideneingang]. Die Schamlippen füllen sich bei sexueller Erregung mit Blut. Die äußeren, großen Schamlippen verändern dabei ihre Farbe und Form, die inneren werden feuchter und rosiger.

Die Klitoris ist ein hochempfindliches Organ, bei dem eine Vielzahl von Nervenenden zusammentreffen. Im Tantra wird sie als Liebesknospe bezeichnet.

Auch durch eine Erregung des Venushügels oder der großen Schamlippen kann es zum Orgasmus kommen.

24

▓ (3): Untersuchen Sie mit Hilfe eines oder mehrerer angefeuchteter Finger den Eingang und das beginnende Innere Ihrer Vagina.

Ziehen Sie dabei die kleinen Schamlippen vorsichtig auseinander. Dieser Teil ist weit sensibler, als das Innere Ihrer Scheide. Gehen Sie an die folgenden Übungen allein oder gemeinsam mit Ihrem Partner ohne Befangenheit heran. Geben Sie sich dabei der angenehmen Erregung hin. Frühere Meinungen, hauptsächlich von der christlichen Kirche vertreten, daß Masturbation schädlich sei, sind falsch. Viele Paare verwenden die Selbstbefriedigung, zum Bei-

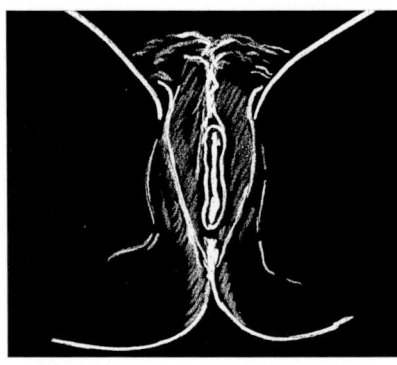

1 Vulva

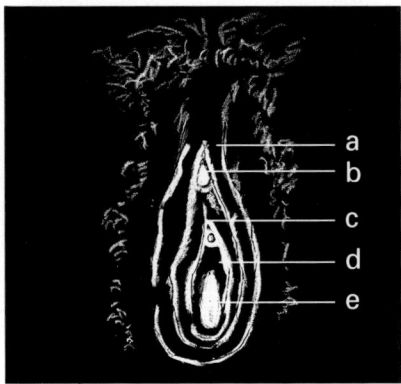

a
b
c
d
e

2 Vagina

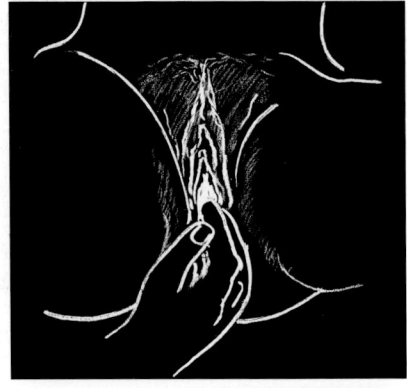

3 Das beginnende Innere der Vagina

spiel während der ersten Tage der Menstruation als Ersatz für den Geschlechtsverkehr, oder als Vorspiel. Der Mann lernt durch die folgenden Stimulierungstechniken, die Frau schneller zu erregen und zum Orgasmus zu bringen.

Da das Innere der Vagina weniger empfindlich ist (mit Ausnahme des G-Punkts), erhöht der Mann durch die richtige Stimulierung zum Beispiel der Klitoris, vor und während des Eindringens, die Erregbarkeit und Orgasmusfähigkeit der Frau. Sie selbst kann aber während des Geschlechtsverkehrs, durch richtige Stimulierung ihrer Klitoris oder des Genitals des Mannes, das Liebesspiel intensivieren und dabei öfter zum Orgasmus kommen. ▓

▓ Beginnen Sie mit (4): Streicheln Sie Ihre Schamlippen und verändern Sie währenddessen Druck und Rhythmus der Stimulierung. Zeigen Sie dies Ihrem Partner und fordern Sie ihn dazu auf, alle folgenden Übungen mit Ihnen gemeinsam zu versuchen. ▓

▓ Fahren Sie nun mit (5) und (6) fort. Gehen Sie auf jeden Fall behutsam vor, die Spitze der Klitoris ist besonders empfindlich.

Um unangenehme Empfindungen auszuschließen, können Sie Ihre oder die Finger des Partners mit Speichel oder einer Gleitcreme (Vaselin) befeuchten.

Die Klitoris befindet sich zwischen den inneren Schamlippen. Beginnen Sie mit der Stimulierung kreisend, seitwärts oder vibrierend, und verändern Sie dabei Druck und Rhythmus.

Geben Sie sich ganz dieser Erfahrung hin und genießen Sie das Gefühl, das Ihr Becken durchströmt.

Sie können nun auch die Hautkappe zurückziehen und sich der Erregung Ihrer sich öffnenden Knospe vollkommen hingeben. ▨

▨ (7) Führen Sie nun vorsichtig den Mittel- oder den Zeigefinger bis zum zweiten Gelenk ein. ▨

▨ (8) Erforschen Sie zusammen oder allein die vordere Innenwand der Scheide und suchen Sie nach dem hochsensiblen G-Punkt.

Erregen Sie seine nächste Umgebung mit Hilfe des Partners, durch den Druck der Fingerknöchel des eingeführten Mittelfingers. Dadurch wird die Klitoris indirekt zusätzlich stimuliert.

Bei leichtem Anheben des Beckens spannen und entspannen Sie Ihre Vagina und die Schließmuskeln.

Berühren und streicheln Sie dabei auch Ihren Anus. Dadurch erregen Sie zusätzlich diese beiden Schließmuskeln, welche die Ekstase des Orgasmus herbeiführen. ▨

Haben Sie Lust auf Selbstbefriedigung und haben bei manueller Anregung Schwierigkeiten, können Sie sich zum Beispiel im Bad oder unter der Dusche entspannen, den Brausekopf abschrauben, den gebündelten Strahl mit lauwarmem Wasser auf die äußeren Genitalien richten.

Diese natürliche Methode hilft Ihnen, zum Höhepunkt zu kommen.

Es ist ein besonderes Erlebnis und eine Freude, sich einander beim Liebesspiel körperlich kennenzulernen. Freunden Sie sich mit Ihrem und dem Körper des Partners an, werden Sie sensibler und empfinden Sie Ihren Körper als Quelle der Lust. Vermindern Sie Ihre Lust auf Sex nicht durch übertriebene Scham, sich nackt zu zeigen: Nehmen Sie Ihren nackten Körper bewußt an.

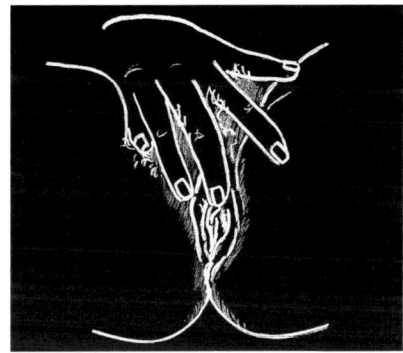

6 Anregen der Klitoris

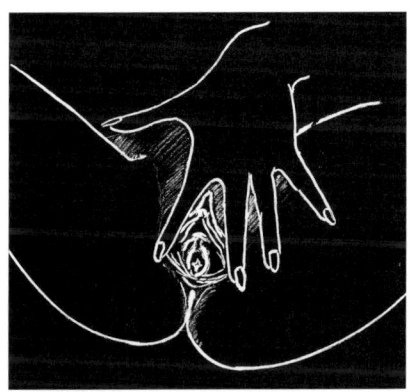

4 Streicheln der Schamlippen

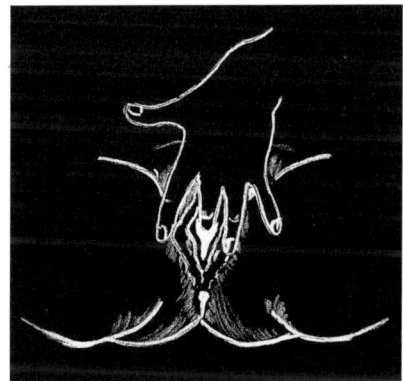

7 Einführen des Fingers in die Vagina

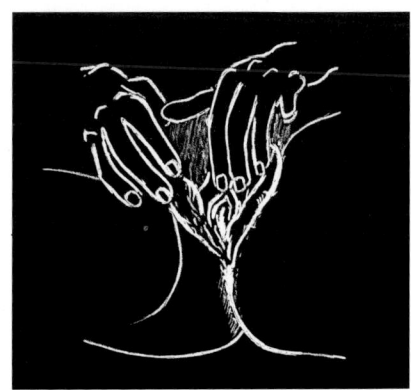

5 Anregen der Klitoris

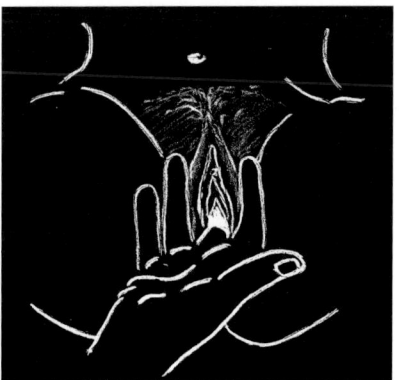

8 Entdecken des G-Punktes

Die männlichen Genitalien

Lernen Sie Ihren Penis kennen, und entdecken Sie gemeinsam mit Ihrer Partnerin, was Sie besonders erregt.

Nach dem Urinlassen spülen Sie die Eichel (a) mit kaltem Wasser ab. Dies fördert die Erregbarkeit, hält jung, weil dadurch bestimmte Hormone produziert werden, und beugt Impotenz vor.

Betrachten Sie Ihren Penis im Spiegel. Im nichterigierten Zustand mißt er zwischen sechs und zwölf Zentimeter. Ist der Penis erregt, so füllt sich das schwammartige Gewebe der drei Schwellkörper mit Blut. Das Glied versteift sich und wird hart.

Massieren Sie den Penis nun mit Massageöl ein.

(1) Wenn Sie ihn überall befühlen, spüren Sie die empfindlichste Stelle an der Unterseite des Kopfes, der in die Verlängerung des Schaftes (c) zu den Hoden und weiter bis zum Damm übergeht. Diese Stelle heißt Frenulum (b) oder Vorhautbändchen. Es ist reichlich von Nervenenden durchzogen und daher empfindlicher als der Schaft. ▓

(2) Ist die Erektion sehr stark, weist das Glied versteift nach oben.
Im zunehmenden Alter wird der Winkel größer. ▓

(3) Beginnen Sie nun die Vorhaut auf- und abzuschieben. ▓

26

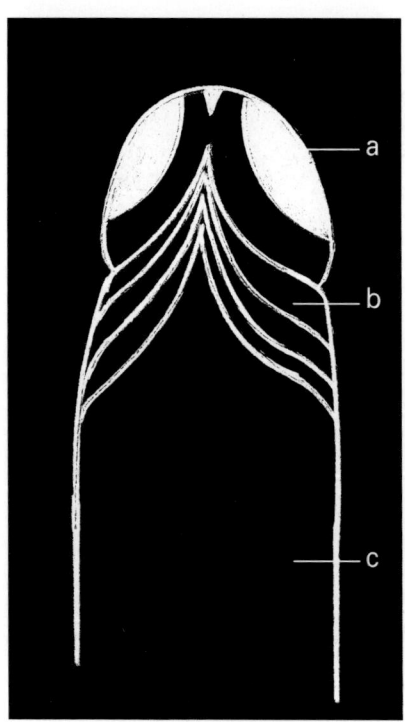

1 Frenulum (Vorhautbändchen)

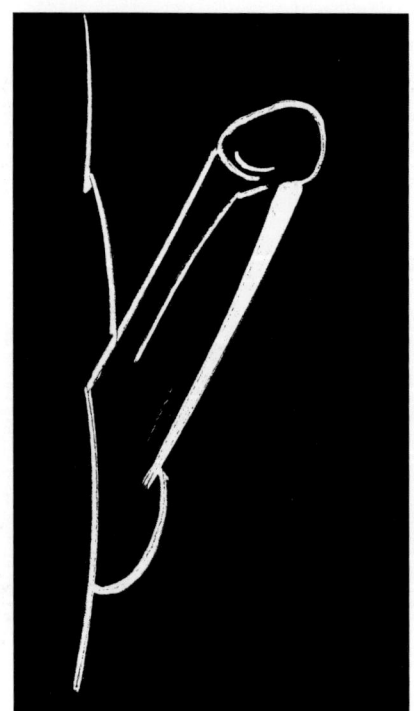

2 Erigiertes Glied

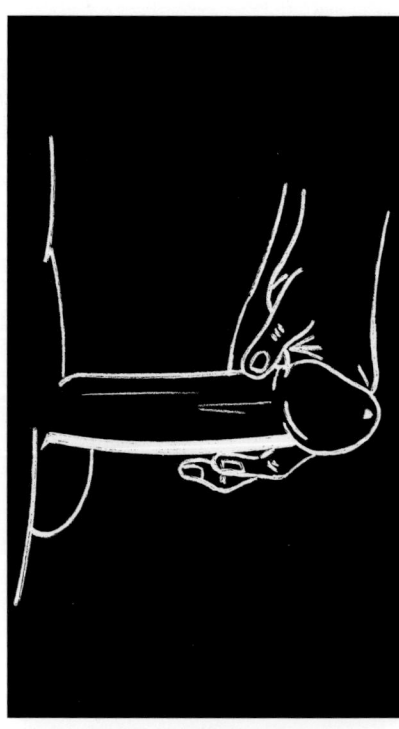

3 Auf- und Abschieben der Vorhaut

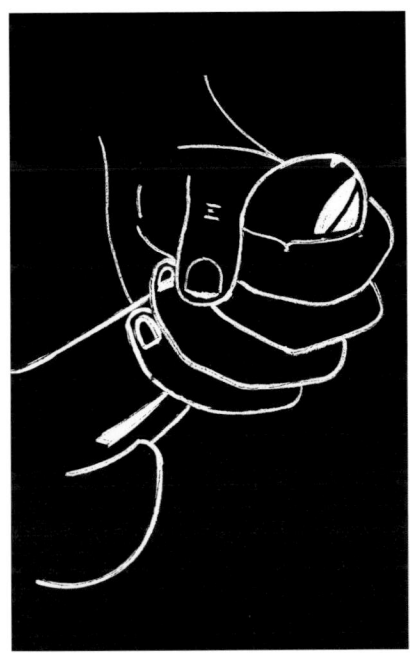

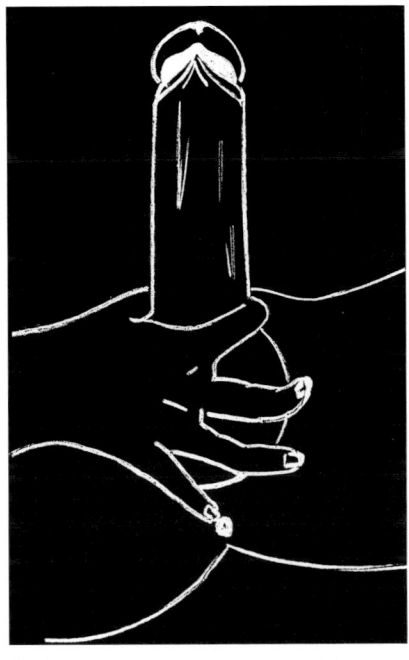

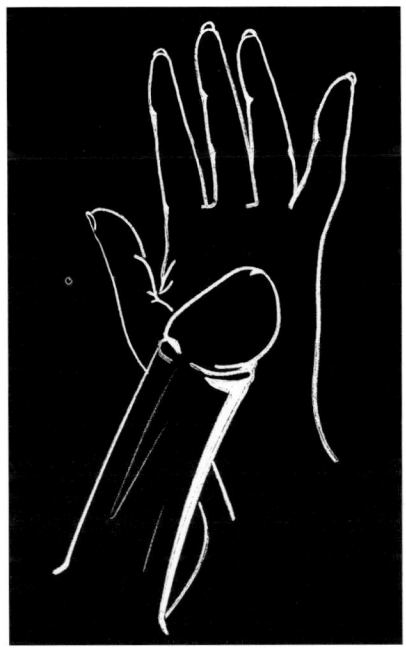

4 Druck des Penisschaftes *5 Verlängerung des Lustgefühls* *6 Im Lustgefühl verbleiben*

(4) Drücken Sie den Penisschaft dabei unterschiedlich fest und verändern Sie je nach Lustgefühl den Rhythmus. Zeigen Sie Ihrer Partnerin, was Ihnen guttut und erspüren Sie es gemeinsam.

(5) Entdecken Sie Ihre Hoden und halten Sie diese sanft. Streicheln Sie Ihre Hoden, fühlen und ertasten Sie die Verlängerung Ihres Gliedes bis zu Damm und Anus. Schieben Sie die Vorhaut nun heftiger nach unten und oben, oder werden Sie nach oben langsamer.

Wenn Sie durch die Heftigkeit der Bewegung und den Rhythmus dem Höhepunkt nahekommen, so hören Sie kurz auf, konzentrieren Sie sich dabei auf die Intensität des Lustgefühls und verlängern Sie dieses.

(6) Indem Sie oder Ihre Partnerin nun sanft Ihre Eichel massieren, bleiben Sie dem Höhepunkt ganz nahe, ohne zu ejakulieren. Lernen Sie dadurch, die Erregung über den ganzen Körper zu genießen und den Orgasmus hin-

auszuzögern. Sie werden merken, wie sich die Lust steigert und Sie dadurch ein toller Liebhaber für Ihre Partnerin werden. Lehren Sie Ihre Partnerin, was Ihnen guttut, und zeigen Sie ihr kurz vor dem Orgasmus, daß sie aufhören soll, den Penis zu erregen.

Durch dieses Feingefühl können Sie und Ihre Partnerin unzählige Höhepunkte erleben, dabei erregt bleiben und sich »voll und rund« fühlen.

27

PARTNERMASSAGE

Durch diese Übungen lernen Sie, sich selbst und den Partner zu stimulieren. Sie wissen nun, was für Sie angenehm ist und können es einander mitteilen.

In meinen Seminaren bemerke ich, daß viele in der Massage ihre Partner falsch anfassen. Männer greifen oft so fest zu, als sei ihre Partnerin ein Klotz aus Holz. Frauen verwechseln das Massieren mit Streicheln.

Beiden fällt es schwer, die richtige Intensität des Druckes zu finden. Durch die folgenden Übungen werden Sie aber auch merken, wie schwer es ist, sich ganz dem Passiv- aber auch dem Aktivsein hinzugeben.

Sich fallenzulassen und die Berührung zu genießen, können Sie mit Hilfe der folgenden praktischen Massage lernen.

Durch Variieren des Druckes werden Sie schnell herausfinden, wie Sie Ihren Partner »richtig« anfassen. So lösen sich bei Ihrem Partner Verspannungen, die oft Ursachen von seelischen Verdrängungen sind.

Wie ich schon erklärte, wollen wir uns mit manchen Konflikten nicht auseinandersetzen. Allerdings wird man dadurch das »Unangenehme« nicht los. Wir werfen Probleme, bildhaft gesprochen, »nach hinten«, was sich zum Beispiel als spürbare Verspannung in Rücken und Schulterbereich äußert. Deshalb werden wir uns bei der folgenden Massage mehr mit unserem Rücken befassen. Einer der beiden Partner übernimmt dabei die Rolle des Aktiven, Massierenden, der andere verhält sich passiv und läßt sich massieren. Auf unseren Fotos haben wir uns abgewechselt.

Breiten Sie auf dem Boden eine weiche und hautfreundliche Decke aus.

Auf diese legt sich Ihr Partner mit dem Bauch nach unten und senkt den Kopf auf beide Handrücken. Achten Sie beide darauf, daß Sie ruhig ein- und ausatmen.

Wenn Sie möchten, können Sie etwas Massageöl verwenden.
(ab hier zu jeder Übung je 1 Massagefoto)

(1) Setzen Sie sich nun über den Partner und legen Sie als aktiver Teil beide Hände neben der Wirbelsäule im Hüftbereich auf. Drücken Sie nun in der gemeinsamen Ausatmung nach unten.
In fünf bis zehn Zentimeterabstände drücken Sie neben der Wirbelsäule von unten nach oben und von oben nach unten. Vergessen Sie nicht, beide Schultern und Schulterblätter *abzudrücken*.

Erschrecken Sie nicht, wenn es im Rücken manchmal kracht, denn dadurch hat sich eine starke Verspannung gelöst. Solange die Massage Ihrem Partner angenehm ist, können Sie unbesorgt fortfahren.
Ihr Partner gibt sich dem Druck im Rücken ganz hin und entspannt bei der Ausatmung die Wirbelsäule.

Fahren Sie nun mit (2) fort. Beginnen Sie oberhalb des Kreuzbeines.

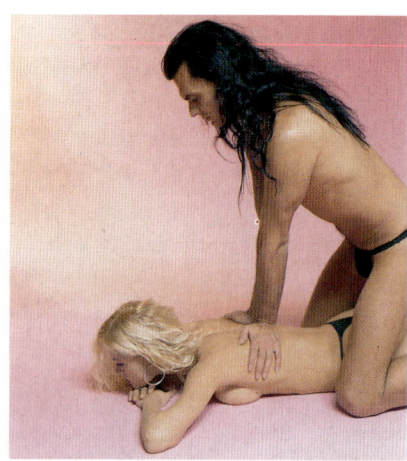

1 Abdrücken der Wirbelsäule

2 Friktion

3 Ellbogenfriktion

28

Legen Sie Zeige-, Mittel- und Ring-finger der rechten Hand auf der rechten untersten Seite der Wirbel-säule auf. Massieren Sie nun in kleinen Kreisen die gesamte rech-te Seite des Rückens bis zum Nacken. Anschließend mit der lin-ken Seite ebenso verfahren. Die linke Hand kann, um den Druck noch zu verstärken, auf die rechte Hand aufgelegt werden. ▦

Spüren Sie an manchen Stellen ei-ne stärkere Muskelverspannung, so wenden Sie sich ihr intensiver aber vorsichtig zu.

▦ (3) Bei dieser Übung wirken Sie tieferliegenden Verspannungen gezielt entgegen. Setzen Sie den rechten Ellenbogen rechts und den linken Ellbogen links neben der Wirbelsäule auf.
Massieren Sie mit vorsichtigem Druck, durch ein kurzes Auf- und Abbewegen des Ellenbogens. Bei dieser Übung beginnen Sie ober-halb des Kreuzbeins am unteren Ansatz der Wirbelsäule und enden am Beginn des Nackens.
An Stellen, wo Sie starke Verspan-nungen spüren, verweilen Sie et-was länger.
Sobald Schmerzen auftreten, re-duzieren Sie mit Gefühl den Druck. ▦

Durch gezielte Bearbeitung der Verspannungen können diese fast gänzlich gelöst werden.

▦ (4) Setzen Sie sich im Fersensitz rechts neben Ihren Partner. Drük-ken Sie mit der linken Hand die lin-ke Seite des Gesäßes fest zu Bo-

4 Kyrogriff

5 Wirbelsäulenstreckung

den. Schieben Sie nun Ihren rech-ten Unterarm als Hebel durch den abgewinkelten Arm Ihres Partners. Drücken Sie einige Male mit sanf-tem Druck den Oberkörper seitlich nach oben. Setzen Sie sich nun ne-ben die linke Körperseite und wie-derholen Sie die gleiche Griffolge. ▦

▦ Fahren Sie mit (5) fort.
Setzen Sie sich links neben Ihren Partner.
Legen Sie die rechte Hand auf das linke Schulterblatt und die linke Hand auf das rechte Gesäß. Üben Sie nun in der gemeinsamen Aus-atmung ruckartig Druck aus; er er-folgt gleichzeitig mit der rechten Hand nach oben und mit der linken Hand nach unten.
Wiederholen Sie dies nach der an-deren Seite. ▦

29

(6) Bei dieser Übung stellen Sie sich an die rechte Seite des zu Massierenden.
Fassen Sie das rechte Hand- und Fußgelenk. Setzen Sie Ihren rechten Fuß in Taillenhöhe auf. Drücken Sie nun vorsichtig mit dem Fuß nach unten, während Sie gleichzeitig den rechten Arm und das rechte Bein fest hochziehen. Dadurch streckt sich die rechte Körperhälfte. Wiederholen Sie das Gleiche auf der anderen Seite.

(7) Stellen Sie sich über Ihren Partner. Fassen Sie sich beide an den Handgelenken. Der Stehende zieht langsam an den Armen den Oberkörper des Liegenden hoch, bis dessen Wirbelsäule leicht nach hinten gebogen ist, der Kopf hängt locker nach unten. Schwingen Sie nun den Oberkörper Ihres passiven Partners sanft hin und her. Danach legen Sie Ihren Partner wieder behutsam in die Bauchlage zurück.

(8) Der in der Bauchlage Liegende faßt beide Fußgelenke. Der Massierende ergreift beide Ellenbogen und hebt den Partner hoch. Danach legt er ihn vorsichtig zu Boden und beide entspannen sich durch eine ruhige und tiefe Ein- und Ausatmung.

(9) Steigen Sie vorsichtig in Brusthöhe neben der Wirbelsäule auf den Rücken, wobei Sie sich an den Schultern des Partners festhalten.

(10) Richten Sie sich langsam und vorsichtig auf. Drücken Sie abwechselnd mit den Füßen die Rückenmuskeln neben der Wirbelsäule ab. Danach halten Sie sich, wie in Übung (9) beschrieben, an den Schultern fest und steigen nun vorsichtig vom Rücken des Partners.

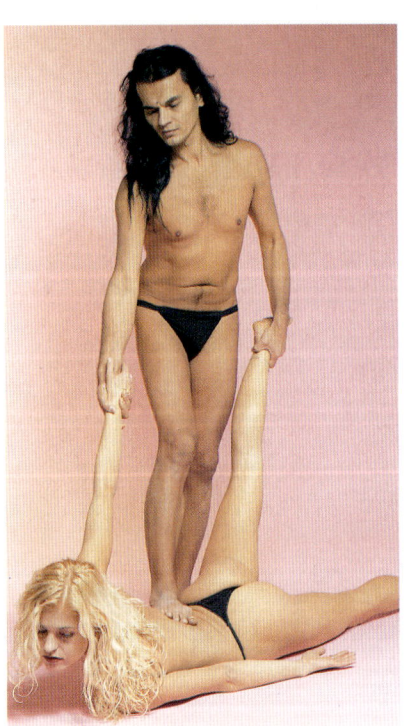

6 Strecken einer Körperhälfte

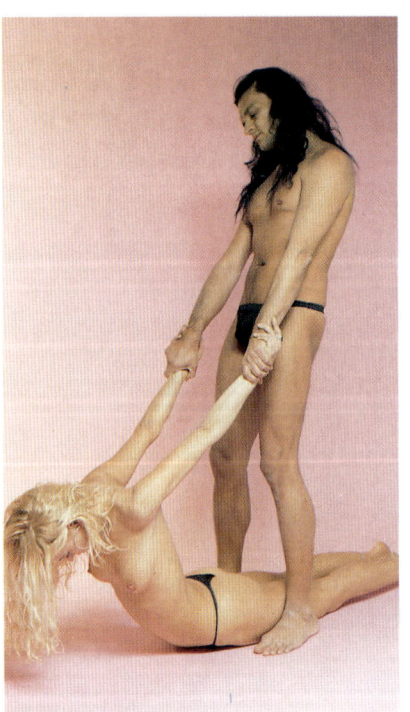

7 Schwingen des Oberkörpers

8 Energiezentrierung

9 Abdrücken …

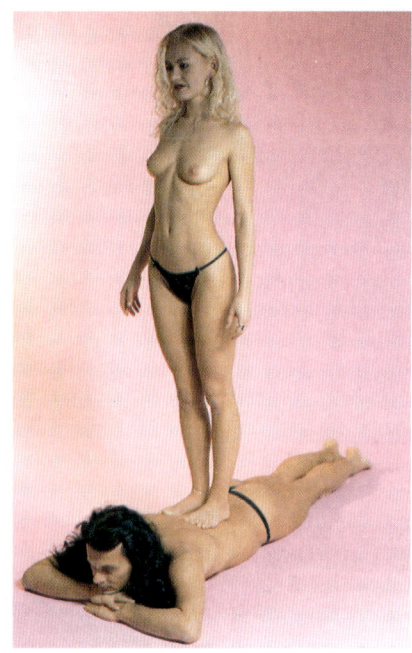

10 … mit den Füßen

11 Ausstreichen

▨ (11) Setzen Sie sich unterhalb des Gesässes auf Ihren Partner und legen Sie beide Hände in der Kreuzbeingegend neben der Wirbelsäule an. Streichen Sie nun mit festem Druck von unten nach oben zu beiden Schultern aus. Wiederholen Sie dieses Ausstreichen einige Male. ▨

▨ (12) Das Hohlhandklopfen. Achten Sie darauf, daß die Finger geschlossen sind und die Hand eine Art Körbchen bildet. Klopfen Sie den gesamten Rücken mit beiden Händen ab. ▨

12 Hohlhandklopfen

31

13 Schwingen der Beine

14 Kammgriff

15 Ausdrücken

(13) Der passive Partner legt sich nun auf den Rücken. Sie als aktiver Teil erfassen die Fußgelenke Ihres Partners. Heben Sie langsam beide Beine hin- und herschwenkend hoch. Der Liegende darf dazu nichts tun, sondern sollte sich ganz entspannen und die Übung geschehen lassen. Danach legen Sie beide Beine langsam zu Boden. ▮

(14) Setzen Sie sich bei dieser Übung zu den Füßen Ihres Partners. Legen Sie seinen linken Fuß auf Ihr ein wenig hochgestelltes Bein. Mit einer Hand halten Sie den Fuß und mit der anderen Hand machen Sie eine Faust. Mit Ihren Fingerknöcheln massieren Sie die Fußsohle von oben nach unten. Massieren Sie ruhig kräftig die Wölbung der Fußsohle und auch den Steg, der sich in der Mitte der

Fußsohle befindet. Wiederholen Sie die gleiche Griffolge am rechten Fuß.

(15) Fassen Sie nun den Fuß und drücken Sie ihn, wie einen Schwamm, mit beiden Händen aus. Wiederholen Sie diese Übung auch am anderen Fuß. ▮

(16) Setzen Sie sich über Ihren Partner und drücken Sie beide Hüftgelenke zu Boden. Bewegen Sie anschließend zart sein Becken. ▮

16 Lockern des Beckens

(17) Legen Sie beide Hände auf die Schultern des liegenden Partners. Drücken Sie nun beide Arme, bei den Schultern beginnend bis zu den Handgelenken knetend ab. Danach fassen Sie beide Handgelenke Ihres Partners und ziehen seinen Oberkörper hoch. Dann streichen Sie seine Finger aus.

Durch diese Übung löst sich blockierte Energie und strömt bis in die Fingerspitzen. Es ist dabei wichtig, daß sich beide dieser Energieübung hingeben.

17 Harmonisieren des Energieflusses

(18) Setzen Sie sich neben Ihren Partner. Drücken Sie mit Ihren beiden Händen seine Hand schwammartig bis zu den Fingern aus. Massieren Sie anschließend jeden einzelnen Finger. Setzen Sie sich danach auf die andere Seite und wiederholen Sie die gleiche Übung an der anderen Hand. ■

(19) Sie setzen sich im Fersensitz ans Kopfende des zu Massierenden. Fassen Sie mit beiden Händen den Kopf und wenden Sie ihn ganz langsam nach rechts und nach links. Wiederholen Sie dies einige Male. ■

19 Freiwerden im Nacken

(20) Halten Sie den Kopf mit einer Hand. Streichen Sie mit der anderen Hand einige Male den Nacken von unten nach oben fest aus. ■

(21) Massieren Sie mit den Fingerkuppen Ihrer beiden Hände die Kopfhaut. Ziehen Sie sanft an den Haaren. Stellen Sie sich dabei vor, daß Sie angestaute Energien über die Haare herausziehen. Schütteln Sie danach Ihre beiden Hände aus. Halten Sie nun behutsam für einige Zeit den Kopf Ihres Partners. Atmen Sie beide ruhig und entspannt und geben Sie sich dieser Entspannung hin. ■

34

18 Handmassage

20 Ausstreichen des Nackens

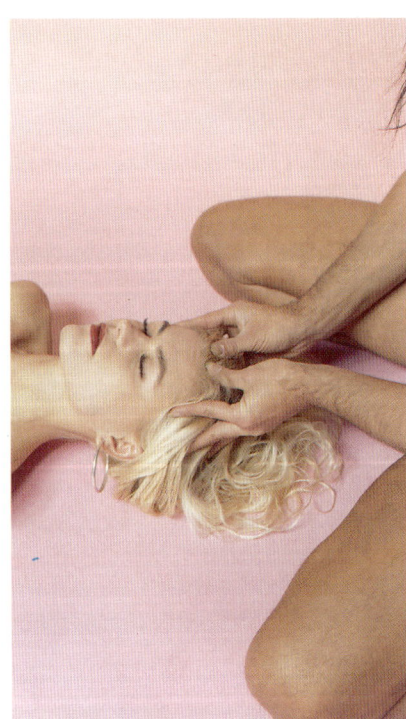

21 Freiwerden angestauter Energie

Wechseln Sie sich nun in der Rolle des Aktiv- beziehungsweise Passivseins ab. Geben Sie sich gemeinsam diesem Spiel hin.

Intensivieren Sie die seelische Verbundenheit, die nun entstanden ist, indem Sie Ihre Geliebte/Ihren Gelliebten so einfühlsam wie möglich sexuell anregen. Tun Sie dies mit Ihren Händen, den Haaren, den Lippen und Ihrem ganzen Körper .

Energie, spürbar als Lustgefühl, durchströmt nicht nur das Sexualzentrum, die Genitalien und das Becken, sondern den ganzen Körper (22).

Nach einer solchen Übung und anschließendem Liebesakt erkennen Sie vielleicht auch die Zusammenhänge zwischen Ihren seelischen und sexuellen Problemen. Arbeiten Sie daran, mit Hilfe der beschriebenen Übungen, und gewinnen Sie eine neue offenere Einstellung zu sich selbst.

22 Verwöhnen Sie Ihren Geliebten so einfühlsam wie nur möglich.

Offenheit und Sexualität

Das Geheimnis des Tantra liegt zu einem wesentlichen Teil in der offenen Einstellung zu sich selbst und dem Partner.

Im Zentrum des Tantra steht die Beziehung zwischen Mann und Frau. Tantra ist wie eine Blume, die durch diese Beziehung wächst und durch die gemeinsame Sehnsucht nach Spiritualität erblüht.

Es ist daher wichtig, sich gegenseitig kennen und achten zu lernen, und die Partnerschaft wachsen zu lassen. Liebe und Sexualität entfalten sich durch die Offenheit zwischen den Partnern. Die Lust ist die Triebfeder des Lebens im Tantra.

Offenheit zu sich selbst beginnt mit dem Erkennen der Zusammenhänge zwischen seelischen und geistigen Problemen. Die dadurch bedingte offenere Einstellung zum eigenen Leben und der Sexualität führt vom Gefühl der Sinnlosigkeit zu voller Lebensbejahung. Diese Lebensbejahung beflügelt Ihren Mut zur Konfrontation mit allem Angenehmen und Unangenehmen, das auf Sie zukommt.

Tantra ist wie eine Blume, die durch diese Beziehung wächst und durch die gemeinsame Sehnsucht nach Spiritualität erblüht. Die Lust dazu ist die Triebfeder des Lebens.

ERFÜLLUNG IN DER PARTNERSCHAFT

Zu den unangenehmen Dingen des Lebens gehören auch Partnerschaftsprobleme, die allerdings nur dem wichtig sein werden, dem an seiner Partnerschaft etwas liegt, der neugierig ist auf den Partner, ihn interessant und sexuell anziehend findet.

Eine dauerhafte gegenseitige Anziehung kann nur dann entstehen, wenn jeder der Partner an seiner persönlichen Weiterentwicklung arbeitet. Dann treten zu der sexuellen Bejahung auch der rege Austausch verschiedenster Meinungen und Ansichten hinzu.

Viele Beziehungen basieren auf einem Mißverständnis: Man ging sie ein, aus Angst vor dem Alleinsein oder erhält sie aus diesem Grund aufrecht. Manchmal dienen sie auch dazu, den Partner als »Abladeplatz« der eigenen verdrängten Probleme und der damit verbundenen Konfliktängste zu mißbrauchen. Der Partner wird dazu benutzt, sich selbst aufzubauen und wird damit seelisch ausgebeutet. Der eine will dem anderen nichts geben, nimmt sich selbst aber um so mehr.

Auch der Hang, alles besser zu wissen und den Partner dadurch »runterzumachen« ist ein Alarmzeichen. Der Betroffene muß sich wehren, sonst wird er irgendwann daran zerbrechen und damit auch die Beziehung. Erst wenn wir mit offenen Augen durchs Leben gehen, können wir das Spiel zwischen uns und dem Partner durchschauen und, wie es im Sufismus ausgedrückt wird, »sehen, wie unsere Liebe ein blühender Baum wird (2 und 3).«

Lebensbejahung und Selbstverwirklichung bilden dann in der Partnerschaft eine Einheit, die Partner schöpfen voneinander, ohne daß einer darunter leidet oder sich ausgenützt fühlt.
Wir sollten uns wirklich bewußt werden, daß unser Leben begrenzt ist, und endlich aufwachen aus unserem Trott. Daß das Leben schön sein kann, wollen viele gar nicht hören und hal-

1 ... das Leben intensiv genießen.

ten diese Aussage für Gefühlsduselei. Nur für kurze Momente ist das Leben für sie angenehm und schön; zuviele Probleme, Sorgen und Streß lasten auf ihnen. Solche Menschen können ihr Leben nur zum positiven ändern, wenn sie aufhören, sich selbst negativ zu beeinflussen.
Da ich beruflich oft in Italien bin, hatte ich Gelegenheit, die Lebensfreude vieler Italiener kennen und schätzen zu lernen. Ich bewundere die Spontaneität und Offenheit, in der sie ihre Geschäfte abzuwickeln verstehen.
Meistens habe ich mit Firmeninhabern zu tun: Man spricht zunächst über Persönliches und läßt sich Zeit, einander kennenzulernen. Die Einladung zu einem Essen, das über zwei Stunden dauert, gilt als Vertrauensbasis für geschäftliche Zusammenarbeit. Die Firma als große Familie nimmt den Geschäftsfreund dann freundlich auf. Man nimmt sich Zeit für die Arbeit, die als Teil des Lebens genossen wird; anschließend trifft man sich, statt zu Hause, auf der Straße oder in Cafes und Restaurants. Wer als Ausländer einige Zeit in Italien lebt, kann erfahren, daß es möglich ist, anders und vielleicht lustvoller zu leben, als er es gewohnt ist.
Manchmal muß man in seinem Leben etwas ändern, um es wieder lebendiger zu machen. Das trifft besonders auf die Partnerschaft zu. Wenn man einander nichts mehr zu sagen hat, sieht man abends fern. Nicht umsonst gibt es in fast jedem Haushalt ein bis womöglich mehrere Fernsehgeräte. Das vielfältige Fernsehprogramm hilft – scheinbar – über den tristen Alltag und die langweilige Beziehung hinweg. Das »Miterleben« von Liebe, Eifersucht und Abenteuer ersetzt die Kommunikation und Auseinandersetzung mit dem Partner und

2 Die Liebe kann wie ein blühender Baum werden.

3 Jeder Tag kann lebendig und aufregend sein.

dem eigenen Leben. Dazwischen legt man einen Porno ein, um überhaupt wieder Lust auf den Partner zu haben. Trifft dies auch für Sie zu, so sollten Sie gemeinsam mit dem Partner diese Einstellung hinterfragen.

Es wäre zu schade, nur aus schlichter Gewohnheit schöne gemeinsame Stunden zu versäumen. Schalten Sie den Fernseher ab, oder »treffen Sie sich« mit Ihrem Partner – auch wenn er in der gleichen Wohnung wohnt – gleich nach der Arbeit.

Gehen Sie gemeinsam aus und genießen Sie beide das Zusammensein. Auch wenn er nicht im Kalender vermerkt ist, kann ein solcher Tag ein Feiertag für Sie beide werden.

Essen Sie einmal auswärts, statt wie gewöhnlich zu Hause. Treffen Sie Freunde, oder lernen Sie neue Freunde kennen. Besuchen Sie Kinos, Theatervorstellungen oder Konzerte.

Gehen Sie in die Disco und tanzen Sie Ihre Emotionen heraus, statt wie gewöhnlich gelangweilt an der Bar zu sitzen. Haben Sie Kinder, so feiern Sie gemeinsam mit ihnen. Sie werden schneller als gedacht erwachsen sein und gehen dann ihre eigenen Wege – jetzt sind sie noch ganz bei Ihnen. Genießen Sie diese nicht mehr wiederholbare Zeit mit Ihren Kindern. Ein solcher Abend oder Tag mit der Familie wird für Sie bestimmt lebendiger sein, als einförmiger Alltagstrott und das Sparen auf neue Haushaltsgeräte.

Wer Kinder hat, kann sich trotzdem in die Zweisamkeit zurückziehen und die Sexualität neu entdecken. Klären Sie sie altersgemäß darüber auf, und sie werden es verstehen. Vielen von uns wurde als Kind beigebracht, Sex sei etwas Schmutziges und habe nichts mit Liebe zu tun. Darunter leidet natürlich die spätere Unbefangenheit: Man zeigt sich nicht gerne nackt und

ist neuen sexuellen Praktiken gegenüber weniger aufgeschlossen.

Manche finden genitale Absonderungen und Gerüche unangenehm. Sexuell Gehemmte fürchten, während des Geschlechtsverkehrs haltlos und abstoßend zu wirken. Frauen erwarten vom Mann bestimmte Zärtlichkeiten und die Befriedigung geheimer Wünsche, ohne ihn darüber aufzuklären. Männer betrachten den Geschlechtsverkehr manchmal als Machtspiel, bei dem sie allein bestimmen wollen. Sie flüchten in die Suche nach neuen Sexualtechniken und vergessen, daß der Schlüssel zur Lust in der Sexualität, Liebe und Hingabe sind.

So, wie sie ihr Leben nach gewissen Regeln und Pflichten einteilen, wollen viele Menschen es auch in der Sexualität halten. Dadurch begrenzen sie ihre eigene Spontaneität und Kreativität.

Der Wunsch nach einer erfüllten Sexualität war schon in den alten Kulturen ein viel besprochenes Thema. Der Schlüssel der gesamten Erotik Asiens einschließlich Europas liegt in den Händen einer Muttergöttin; schon vor zehntausend Jahren stellte man jene magische Muttergöttin mit herausfordernden Brüsten, ausgeprägtem Schoß und betonten Hüften in Steinskulpturen und Fresken dar.

Der Dionysos-Kult der Griechen und noch früher die Osiris-Mysterien in Ägypten, sind Parallelen zum erotischen Kult des Tantra. Die Inder nannten die Gesamtheit ihrer Glaubensvorstellungen *Sanàta-Dharma* (Spirituelle Welt),

Spontaneität, Hingabe und Offenheit sind die Essenzen der erotischen Lust – nicht ausgefeilte Liebestechniken, sondern das Gefühl der Partner füreinander.

1

welche im erotischen Kult ihre ewige Vollendung fand. Sie meinten, daß absolutes Sein in Wahrheit nur Empfindung ist. Dieses mystische Begehren umschrieben sie wie folgt: »Wisse, daß die Lust das Prinzip von allem ist. Aus der Lust sind alle Wesen geboren, nach der Geburt werden sie durch Lust am Leben erhalten und verlassen diese Welt, um zur reinen Lust heimzukehren« (Taittiriya Upanishad, Lo Duca 1967).

Der Gedanke von der ewigen Vollendung des Seins in der Welt beeinflußte die Menschen vom roten Meer bis zu den entferntesten Küsten des indischen Ozeans. Ohne Waffengewalt eroberte die erotische Kosmogonie Indiens, die Lehre von der Entstehung der Welt, über den Hinduismus und Buddhismus Länder und Völker wie die Khmer, die Javaner, die Thai, die Burmesen, Tibet, ganz Indochina, China, Japan, Insulinde und, über Griechenland, Europa. *Kàma*, die archaische Kraft des Begehrens und der Wollust, ist die Erotik selbst.

Nur ein ausgelebtes und erfülltes *Kàma* kann den Geist des Menschen vom Begehren befreien. Diese Anschauung vertraten auch die Tantriker und empfanden die Liebe als eines ihrer Lebensziele. Dieses Ziel wurde aber von der breiten Masse des indischen Volkes manchmal mißverstanden: Ehebrüche waren an der Tagesordnung. Zur Zeit um Christi Geburt gab es zwar ein Gesetz, das vorsah, Ehebrechern die Nase abzuschneiden – das hielt jedoch die wenigsten von neuen Liebesabenteuern ab; denn bereits damals konnte sich aufgrund solch drastischer Bestrafungsmaßnahmen die Schönheitschirurgie zu voller Blüte entfalten – ganze Hautstücke wurden dafür übertragen.

DAS KAMASUTRA

Zu jener Zeit um Christi Geburt entwickelte sich aus zwölf verschiedenen Schriften (zum Beispiel der *Mulk Raj Anand*) die Urfassung des *Kamasutra*; im vierten Jahrhundert nach Christus wurde es von dem vedischen Arzt Dr. Auddàlaki Svetaketu und sieben weiteren Autoren zusammengefaßt.

Vàtsyàyana Mallanàga, ein großer indischer Weiser, überarbeitete dieses berühmte Handbuch der indischen Erotik. Er behauptete, der Grund für Ehebruch sei in der Unwissenheit über die Beziehung zwischen dem menschlichen Geist und der Sexualität zu suchen. Für ihn war Sexualität des Tantra die Liebeskunst in höchster Reinheit und Empfindsamkeit.

Vàtsyàyana unterteilte das *Kamasutra* in acht Kapitel, die *Adhikaranas*, ein überwiegend moralisches Werk, das ich hier zusammengefaßt wiedergeben möchte:

I. Die Liebe

Im ersten Kapitel führt Vàtsyàyana aus, daß Männer, die damit vertraut sind, vier Arten der sexuellen Liebe kennen, die unterschiedlich intensiv sind – je nach den Körpermaßen, der Stärke des Verlangens und der für den Liebesakt aufgewendeten Zeit.

1. Liebe, die einer fortgesetzten Gewohnheit entspringt, wie zum Beispiel die Liebe beim Geschlechtsverkehr oder die Liebe zum Spiel.

Das Spiel war, wie die Liebe, eine der größten Leidenschaften der Inder und pervertierte bis

(1) und (2) Die Sexualität als treibende Kraft des Lebens hat wohl auch dafür gesorgt, daß das Kamasutra über die Jahrtausende bis in unsere Zeit in alle Sprachen übersetzt wurde.

1 »Aus der Lust sind alle Wesen geboren …

2 … und verlassen diese Welt, um zur reinen Lust heimzukehren.«

1 Liebe, die aus der Phantasie entspringt …

2 … und durch Sinnengenuß gesteigert wird.

zur Selbstverstümmelung: Verlor ein Spieler alles, so setzte er seine Finger, seine Hand oder seinen Fuß als Pfand ein. Man kannte ja bereits das Opium, das schmerzunempfindlich machte, und spielte einfach weiter.

2. Liebe, die aus der Phantasie entspringt und zum Beispiel durch das Küssen entfacht wird.

3. Liebe, die aus Vertrauen erwächst.

Diese Liebe empfinde ich als die schönste Form der Zuneigung. Jeder sieht im anderen die zweite Hälfte seines Ich.

4. Liebe, die durch betörende Worte und anderen Sinnengenuß geweckt wird.

Vàtsyàyana teilt die Liebhaber nach der Länge ihres Gliedes und die Liebhaberinnen nach der Tiefe ihrer Vaginen ein. Die Funktion der Klitoris wurde erst 600 Jahre später bekannt und in *Ananga Ranga,* einem tantrischen Werk, niedergeschrieben. Für den Bearbeiter des *Kamasutra* waren die Maße von Mann und Frau und ihr Verhältnis zueinander ausschlaggebend für die Intensität des Liebesgenusses.

Nach dem *Kamasutra* empfindet die erregte Frau von Anfang an Wonne und diese Lust, so wird behauptet, halte auch noch nach dem Orgasmus an. Die Lust des Mannes hingegen sei nach der Ejakulation gestillt. Erst wenn er seinen Erguß hinauszögert oder seine Partnerin ihn durch Stimulationen (siehe dazu Kapitel 1, Seite 26) zu mehrmaligen Orgasmen bringt, erreichen beide den gemeinsamen Zustand der Wonne.

II. Die Umarmung

Im zweiten Kapitel beschreibt Vàtsyàyana die verschiedenen Arten der Umarmung: solche Umarmungen zwischen Personen, die sich noch nicht kennen, und solche von Liebenden, die miteinander vertraut sind.

Die Efeuumschlingung *(Jataveshtitaka)* (Abb. 1, Seite 47) sei hier als Beispiel zärtlicher Umarmung zwischen Geliebten hervorgehoben und erklärt.

Die Frau zieht den Kopf des Partners an sich, um ihn zu küssen, und umschlingt den Mann dabei – wie der Efeu den Baum.

III. Der Kuss

Im dritten Kapitel wendet sich der Autor dem Kuß zu, der die Intensität der Gefühle vermittelt.

Die Gefühlsvariationen beim Küssen, nämlich beim individuellen Wechsel von maßvollem, gespanntem, gepreßtem oder sanftem Kuß, weist auf die Experimentierfreudigkeit in der Sexualität hin. Man berührt dabei die Unter oder Oberlippe, oder beide zugleich. Dringt man mit der Zunge in das Mundinnere des Partners ein, so kann man dadurch dessen Zunge oder den oberen Gaumen erregen.

Der Kuß wird zur Musik, wobei das Gefühl den Rhythmus bestimmt.

IV. Nageldruck und Kratzer

Im vierten Kapitel des *Kamasutra* wird dem Leser erklärt, daß nur Menschen, die mit großer Leidenschaft lieben, am Nägeleindrücken Gefallen finden.

In Augenblicken heftiger Leidenschaft wird die Wollust durch den zarten Nageleindruck oder Kratzer noch gesteigert. Manche verbinden diese Praktik auch mit Beißen in die Unterlippe oder den Hals.

Im alten Indien wurde bei Mann und Frau großer Wert auf das Aussehen der Nägel gelegt. Für beide galt, daß ihre Nägel sauber, wohl eingebettet, glänzend und poliert sein mußten. Die Nägel konnten kurz, mittellang oder wie bei den Bengalen lang sein.

Das *Kamasutra* beschrieb, wie man sie zur Steigerung der Leidenschaft als zusätzlichen Reiz in das Liebesspiel miteinbeziehen kann:

Werden die Nägel so sanft auf die Haut einer anderen Person gedrückt, daß kein Mal oder Kratzer zurückbleibt, so nennt man dies den »klingenden Nageldruck«.

Bleibt ein gekrümmtes Nagelmal in der Form eines Halbmondes, oder zwei einander zugekehrte Nagelmale zurück, so nennt man dies »Halbmond« oder »Kreis«.

Das Mal oder der zarte Kratzer kann die Gestalt einer kleinen Linie haben oder geschwungen sein. Wird dieses Mal an der Brust eingeritzt, so nennt man dies die »Tigerkralle«. Wird sie mit allen fünf Nägeln in geschwungener Linie in die Brust geritzt, heißt es »Pfauenfuß«.

Drückt man fünf Nägelmale nah nebeneinander um die Brustwarze ein, so nennt man dies den »Hasensprung«.

Trennten sich im alten Indien Liebende für einige Zeit, so drückten sie einander ein Mal auf die Brust oder den Schenkel.

Bei diesen Erinnerungszeichen wurden drei oder vier Linien eng nebeneinander eingeritzt. Man sagte, daß die Leidenschaft sich verliert, und die Liebe zwischen beiden stirbt, sobald diese Liebesmale verblassen.

V. Der Liebesbiß

Wie bei den Nägeln legten die Inder auch großen Wert auf die Beschaffenheit, Reinigung und Erhaltung ihrer Zähne.

Die Zähne sollten gleichmäßig, von angenehmem Glanz und ohne Lücken sein.

Die Intensität des Liebesbisses, Gegenstand des fünften Kapitels, ging Hand in Hand mit der gesteigerten Leidenschaft:

- Rötet sich die Haut nach dem Biß ein wenig, nennt man dies den »versteckten Biß«.
- Schwillt die Hautstelle durch den Biß ein wenig an, so nennt man ihn den »geschwollenen Biß«.
- Werden in die Haut nur zwei Zähne eingedrückt, so bezeichnet man dies als den »Punkt«.
- Eine Punktreihe entsteht, wenn alle Zähne in die betroffene Stelle beißen.

- Wird der Biß gleichzeitig von den Zähnen und den Lippen ausgeführt, so heißt er »die Koralle und das Juwel«.
Führt man den Biß nur mit den Zähnen aus, so nennt man ihn die »Juwelenkette«.
- Sieht das kreisförmige Bißmal, hervorgerufen durch die ungleich spitzen und breiten Zähne, ungleichmäßig aus, so heißt es die »zerrissene Wolke«. Dafür ist die Brust geeignet.
- Der »Eberbiß« ist der Biß, welcher mehrere breite Streifen von Zahneindrücken, mit geröteten Zwischenräumen aufweist.

Eine besondere Steigerung der Wollust bietet der »reibende Biß« an der Seite des Halses, der Ohrläppchen und des Nackens.

Wie die Katzenmutter ihr Junges liebevoll beim Nacken hochhebt, so setzt man diesen reibenden Biß genauso behutsam beim Partner an.

Spüren Sie dabei den Muskel zwischen Ihren Zähnen und massieren Sie ihn durch ein Hin- und Herreiben Ihrer Zähne.

Durch diese kontrollierte Spannung wird die Leidenschaft beider Partner gesteigert. Im Kamasutra steht, wenn ein Mann eine Frau heftig beiße, solle sie ihm das sofort lustvoll zurückgeben.

1 *Efeuumschlingung: Die Frau umschlingt den Mann – wie der Efeu den Baum.*

VI. Die sexuelle Vereinigung

Da die verschiedenen Möglichkeiten den meisten von uns geläufig sind, will ich nur einige ungewöhnliche Stellungen aus dem sechsten Kapitel des *Kamasutra* hervorheben. (Als Vorlage für die folgenden Graphiken dienten mir alte indische Miniaturmalereien.)

Klaffende Position (1): Die Frau legt ihre Beine auf die Schultern des Geliebten.

Bambusspalte (2): Der Mann faßt das um seine Schulter gelegte Bein seiner Geliebten.

Halbgepreßte Position: Der Mann preßt die Schenkel seiner Geliebten an seine Brust.

Krebs (3): Die Frau hält beide Beine gebeugt vor ihren Magen oder legt dabei ein Bein gestreckt auf die Schulter des Mannes.

Klemmende Position: Die Beine des Mannes und der Frau sind ausgestreckt in der seitlichen oder der rückwärtigen Position gegeneinander gepreßt. Das Glied wird durch die zusammengepreßten Oberschenkel der Frau in der Scheide eingeklemmt und die Reibung des Gliedes in der Vagina wird von beiden stärker gespürt.

Bei allen Stellungen sollte man während des Verkehrs den Kopf, das Gesicht, die Brust und den Rücken des Partners mit den Lippen und den Händen liebkosen.

VII. Schläge

Das *Kamasutra* meint, daß Schläge mit dem Handrücken, der hohlen Hand, der Faust oder der flachen Hand zum Liebesspiel gehören.
Diese Schläge sollten nicht nur vom Mann *ausgeteilt* werden, sondern auch von der Frau mit Beschimpfungen *vergolten* werden.
Vàtsyàyana verurteilte aber, sich mit Instrumenten zu quälen.
Im alten Indien schlug man sich im Liebesrausch mit dem Keil auf die Brust, verletzte sich mit der Spitze einer Schere am Kopf, stach sich mit Nadeln in die Wange oder zwickte den Partner mit Zangen an den Brüsten und den Hüften. Diese gefährlichen Praktiken wurden vom Kamasutra als pervers abgelehnt.

48

1 Klaffende Position

2 Bambusspalte

VIII. Rollenwechsel der Frau

Wenn die Frau merkt, daß ihr Geliebter während des sexuellen Verkehrs ermüdet, soll sie die aktive Rolle übernehmen.

Während der Mann nun passiv auf dem Rücken liegt, setzt oder legt sich die Frau entweder ihm zu- oder abgewendet auf sein Glied. Diese Stellung wird als <u>umgekehrte Position</u> (4) bezeichnet. Sie kann dabei mit ihrer Vagina folgende Bewegungen ausführen (die Begriffe wurden aus der klassischen Übersetzung des *Kamasutra* übernommen):

»<u>Zange</u>«: Sie führt das Glied tief in ihre Vagina ein und preßt es durch Anspannen des Vaginalmuskels von der Eichel bis zum unteren Schaft.

»<u>Kreisel</u>«: Die Frau dreht ihr Becken wie ein Rad um das erigierende Glied.

»<u>Schaukel</u>«: Der Mann bewegt während des Kreisens sein Becken auf und ab.
Wird die Frau dabei müde, so ruht sie sich aus, ohne das Glied freizugeben, und beginnt danach von neuem mit dem Beckenkreisen. Hat der Mann wieder Lust, die aktive Rolle zu übernehmen, so wird er daran denken, seine Position zu ändern und zum Beispiel die »Elefantenposition« (5) einnehmen.

»<u>Buttern</u>«: Das Glied kreist in der Vagina.

»<u>Stechen</u>«: Die Frau senkt ihr Becken nach vorn, und somit erfolgt eine stärkere Reizung des Gliedes in der oberen Partie der Vagina.

4 Umgekehrte Position

49

3 Krebs

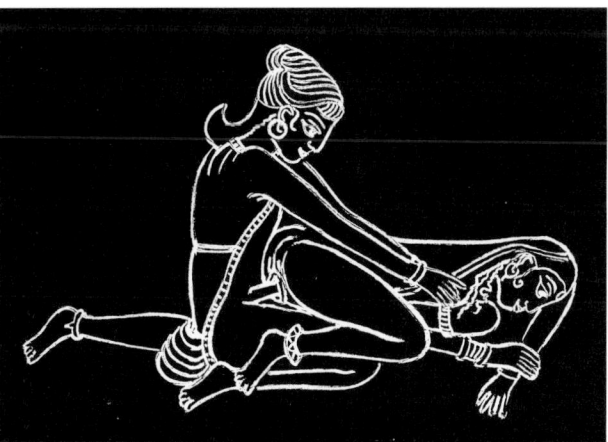

5 Elefantenposition

»Reiben«: Wie Stechen, wobei jedoch hier die Reizung in der unteren Partie erfolgt.

»Einen Stoß versetzen«: Das Glied wird in einem gewissen Abstand von der Vagina zurückgezogen; danach dringt man wieder tief ein.

»Der Stoß des Ebers«: Das Glied reibt nur eine Seite der Vagina.

»Der Stoß des Stieres«: Hier werden beide Seiten gerieben.

»Die Sperlingsjagd«: Das Glied wird hin- und herbewegt, nicht aber aus der Vagina gezogen.

Die Frau liebt es sehr, wenn der Mann den Akt lange andauern läßt. Dafür eignet sich besonders die Stellung des »Schmetterlings« (1).

Nach dem *Kamasutra* kennt die Frau die Wonne der eigenen Samenergießung. Ejakuliert der Mann zu rasch, so kann die Geliebte das Glied durch den Mund-Koitus wieder zum Erigieren bringen.

Im *Kamasutra* gibt es dafür acht Möglichkeiten:
– Manuelles Zutun: Das Glied wird in die Hand genommen und die Eichel bis zum Schaft mit den Lippen berührt und gestreichelt.
– Reiben und Küssen: Die zu Blütenknospen vereinigten Finger der Frau halten das Glied, während sie mit den Lippen die Eichel küßt und mit den Zähnen den Schaft des Gliedes reibt.
– Äußeres Pressen: Die Frau saugt mit geschlossenen Lippen an der Eichel.
– Inneres Pressen: Das Glied wird in den Mund gesteckt und die Vorhaut dabei mit den Lippen hin- und hergeschoben.
– Küssen: Die Eichel wird zärtlich geküßt.
– Polieren: Die Eichel, der Schaft und die Hoden werden mit der Zunge angeregt.
– Saugen der Mangofrucht: Die Frau nimmt das Glied in die Mundmitte und saugt daran.
– Absorption: Das Glied wird bis in die Kehle eingeführt.
Für oben genannte Stimulierungen können Sie zum Beispiel die Position »das Flötenspiel« (2) einnehmen.
Das *Kamasutra* weist zum Schluß noch einmal darauf hin, daß die Wollust erst durch die Freu-

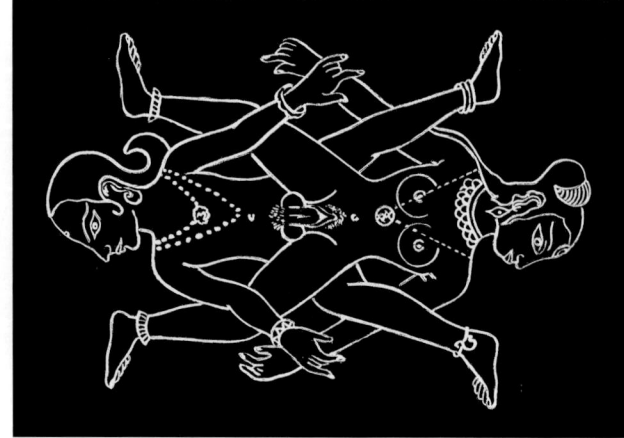

1 Schmetterling

2 Flötenspiel

de und Leidenschaft zum Partner erwacht. Bewahrt man diese Erkenntnis in seinem Herzen, wird die Lust zueinander immer wieder aufs Neue entfacht und das Schöne wird nicht vergänglich.

STIMULIERUNGSTECHNIKEN AUS UNSERER ZEIT

An dieser Stelle möchte ich in Ergänzung zum Kamasutra gängige Begriffe aus der modernen Sexualwissenschaft und einige stimulierende Praktiken erläutern.

Fellatio (3)
Verbinden Sie die Fellatio mit den Stimulierungstechniken des Penis aus dem ersten Kapitel (siehe Seite 26).

Halten Sie den Penis am unteren Schaft und streicheln Sie dabei die Hoden. Während Sie den ganzen Schaft mit den Lippen liebkosen, regen Sie mit der Zunge den Peniskopf um das Frenulum an.

Nehmen Sie nun den Penis in den Mund und lassen Sie Ihre Zunge um seine Spitze kreisen. Drücken Sie den Schaft dabei vorsichtig mit den Zähnen ab. Da der Peniskopf sehr empfindlich ist, berühren Sie ihn nicht mit den Zähnen. Steigern Sie die Stimulierung nun dadurch, daß Sie den Schaft umfassen und die Auf- und Abbewegung harmonisch der Bewegung Ihres Mundes angleichen.

Cunnilingus (4)
Wenden Sie auch hier Ihr gewonnenes Wissen über die weiblichen Genitalien aus dem ersten Kapitel (siehe Seite 24) an.

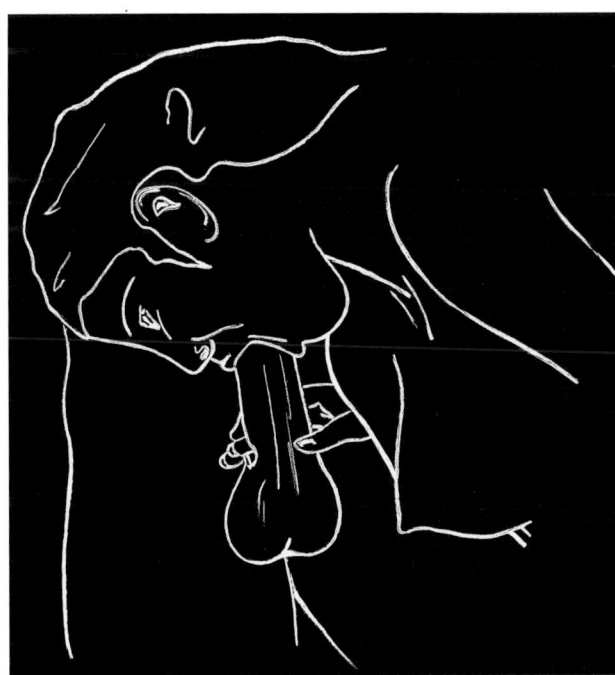

3 Fellatio (Mund-Koitus)

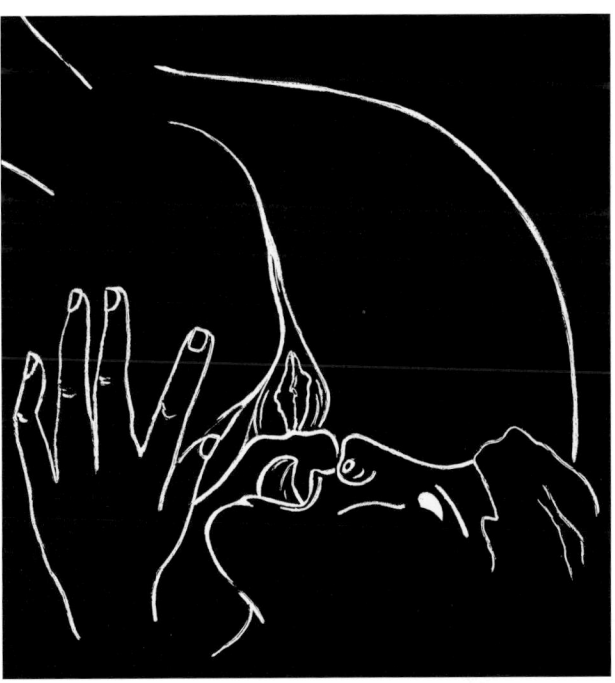

4 Cunnilingus

51

Beginnen Sie mit Ihrer Zunge den gesamten empfindlichen Vaginalbereich und die Schamlippen anzuregen. Dringen Sie dabei auch mit Ihrer Zunge in die Vagina ein. Stimulieren Sie nun auch die Klitoris, indem Sie mit Ihren Lippen daran saugen oder diese Liebesknospe mit der vibrierenden Zunge stimulieren. Massieren Sie dabei zusätzlich mit Ihren Fingern die Umgebung der Vagina, den Anus, das Gesäß oder die Innenseite der Oberschenkel.

Doppelte Stimulierung

Die Frau kann bei eingeführtem Penis gleichzeitig selbst die Klitoris stimulieren oder Ihrem Partner zeigen, wie es für sie angenehm ist.

Durch die Stoßbewegung des Penis und die zusätzliche Stimulierung können mehrere Orgasmen ausgelöst werden. Auch die Frau hat dabei eine Art Samenerguß.

Der Erguß und die damit verbundene Befriedigung tritt beim Mann meist schon nach der Ejakulation, bei der Frau oft erst nach einigen Orgasmen ein.

Durch eine Anzahl rhythmisch pulsierender Bewegungen in der Vagina findet der Orgasmus bei der Frau statt. Um ihn zu erleben, braucht die Frau ständige Stimulation. Durch die richtige Stimulation wird die Vagina feucht und ermöglicht ein schmerzfreies Eindringen des Penis.

Bei vielen Frauen ist während der Menstruation das sexuelle Verlangen besonders groß. Übrigens erleichtern Orgasmen Menstruationsbeschwerden.

Begegnen Sie Ihrer Partnerin während der Menstruation mit viel Gefühl, denn während dieser Zeit ist sie sehr empfindsam.

Auch durch Druck auf den G-Punkt, einer hochempfindlichen Stelle, die in der Mitte der Vorderwand der Vagina liegt, (siehe dazu auch Seite 25) wird der Orgasmus ausgelöst. Der G-Punkt wird in jeder Stellung, bei der der Penis gegen die Vorderseite der Vagina drückt, angeregt.

Besonders geeignet dafür sind Stellungen, bei denen der Penis von hinten eindringt. Nicht nur der G-Punkt sondern auch die Schamlippen werden durch die Stoßbewegung von hinten besser angeregt. Der Penis dringt auch tiefer ein, und man kann dabei zusätzlich die Klitoris stimulieren.

Während der Erregung richten sich bei der Frau die Brustwarzen auf, die Haube der Klitoris schwillt an, die Scheide wird feucht und der hintere Teil der Scheide weitet sich.

Wenn Ihr Partner über Ihnen liegt, können Sie sich zur besseren Stimulierung ein Kissen unter das Becken legen.

Stellungen mit der Frau oben (1) und (2)

In diesen Stellungen sind für Mann und Frau gleichzeitig die Genitalien besser sichtbar. Dadurch entwickelt sich eine starke Reizsteigerung.

Die Frau kann in diesen Stellungen die Hoden streicheln oder den Penis zusätzlich massieren.

Durch die Stoßbewegung des Penis entsteht eine stärkere Reibung der Vagina. Dabei kann die Frau selbst oder der Mann die Klitoris oder den Anus mit der Hand anregen.

Trainiert die Frau ihre Vaginalmuskeln (siehe Seite 118), so kann sie den eingeführten Penis ohne Stoßbewegung des Mannes massieren und anregen.

Dies ist eine besondere Technik des Tantra und kann, wie viele andere Techniken, nur durch Übung erlernt werden.

Schaffen Sie eine Atmosphäre, in der Sie beide sich wohlfühlen und völlig entspannen können.

Verzaubern Sie sich und Ihren Partner mit einem anregenden Parfum oder einer Duftlampe, gefüllt mit ein bißchen Wasser und erotisierenden Ölen, wie zum Beispiel Ylang-Ylang, Sandelholz, Neroli oder Rose. So entwickelt sich aus dem Liebesspiel ein sinnlich erotischer Zauber zwischen Ihnen und Ihrem Partner.

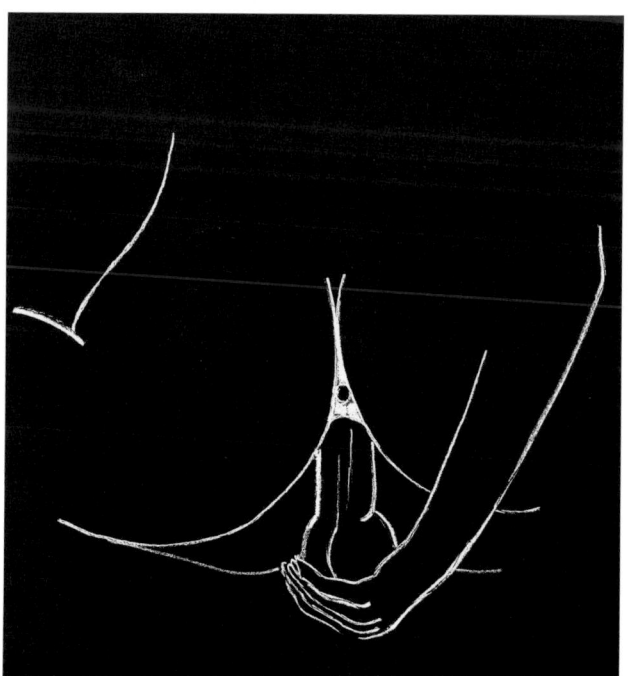

1

2

53

Tantra – ein moderner Weg

Frau und Mann verkörpern in unserem Kulturkreis das »sich voneinander Abhebende«, durch dessen Gegensatz Anziehung entsteht. Dieser Gegensatz zeigt sich äußerlich durch Haarschnitt, Bekleidung, das Tragen von bestimmtem Schmuck, durch Kosmetika, aber auch durch die Art der Körperbewegung, Mimik und im Klang der Stimme.

Fälschlicherweise wurde – und wird – in unserem Kulturkreis das Weibliche vielfach als passiv in allen Lebenslagen, unlogisch, ja sogar hysterisch bewertet und eingestuft. Das »schwache Geschlecht« war, so die verbreitete Auffassung, ohne Dominanz und Führung des »starken Geschlechts« weder lebens- noch entscheidungsfähig.

Der Mann, als Vertreter des »starken Geschlechts«, sah sich gerne in der Rolle des aktiven, logisch denkenden Hüters von Moral und Ordnung, der die Welt nach seinen Vorstellungen bestimmte und veränderte. Unangenehme Pflichten wie Kindererziehung oder Haushalt schob er auf die Frau ab. Den Besitz auszudehnen und zu verteidigen war die Aufgabe

Die Macht der Frau im Tantra.
Sie war die direkte Verbindung
zu Gott.

des Mannes. Diesen nach der Vorstellung des Mannes zu verwalten, war die Aufgabe der Frau. Ihre Isolation im Haushalt begründete der Mann damit, daß die Frau zu schwach und einfältig sei, um im Kampf um Geld oder Anerkennung in geistigen Disziplinen, wie Studium oder Kunst, zu bestehen. Schutz und Stütze, aber auch materielle Abhängigkeit, und die Bevormundung durch den Mann, verhindern das Erwachsenwerden und die Eigenständigkeit der Frau. So behandelte der Mann die Frau entweder als einen Schatz, den es zu hüten galt, oder beutete sie als Dienstmagd oder Gebärerin aus.

Das durch ein solches Leben gewonnene Bild von der eigenen Rolle übertrug die Frau in einer restriktiven Erziehung auf ihre Kinder, bewußt oder unbewußt, und oft war ihr Verhalten auch geprägt durch die Angst vor gesellschaftlichen Sanktionen (siehe Abb. 1, Seite 56).

Fügte sie sich den Wünschen ihres Mannes und ihrer Familie, so war sie ein vollwertiges Mitglied der Gesellschaft. Brach sie aus und versuchte sie, sich eigenständig zu entfalten, lebte sie oft ein Leben in Schmach und Armut. Im Mittelalter wurden Millionen von Frauen, die sich emanzipieren wollten, gequält, verbrannt oder aus der Gesellschaft verbannt. Die einzige Möglichkeit der materiellen Unabhängigkeit war paradoxerweise die Prostitution, die als das älteste Gewerbe der Frau gilt. Aber auch hier ließ der Mann seine Dominanz als Zuhälter spüren.

Die Frau war und ist dem Manne untertan – nicht nur in den westlichen, sondern auch in den östlichen Kulturen und Religionen. Der Mann als Vertreter und Ebenbild Gottes entspricht in den Weltreligionen dem »geistig-spirituellen« Prinzip der Unschuld und Reinheit. Die Frau als Verführerin zur Sünde trägt allein die Last der Schuld, weil sie die Triebhaftigkeit des Mannes zu ihrem Vorteil ausnutzt. Diese Bewertung durch unsere westliche Gesellschaft änderte – und ändert – sich erst lang-

sam in unserem Jahrhundert. Hält diese Entwicklung, was nur zu hoffen ist, weiter an, so werden alle großen Religionen, die ja zugleich verschworene Männergemeinschaften sind, die spirituelle Gleichwertigkeit der Frau anerkennen müssen. Sie wird nicht mehr allein in den Bereich Empfängnis und Mutterschaft abgedrängt werden können, sondern dem Mann gleichberechtigte und selbstbewußte Partnerin sein.

DIE MACHT DER FRAUEN

Die Frau in prähistorischer Vergangenheit und in den frühen Hochkulturen mußte sich nicht, wie in unserer heutigen Zivilisation, erst behaupten, um anerkannt zu werden und gleichberechtigt zu leben, sondern galt im Urmutter- und Fruchtbarkeitskult des Matriarchats die direkte Verbindung zu Gott.

In alten schamanistischen Geschichten wird erzählt, daß Frauen erst fruchtbar sind, wenn sie – vor der sexuellen Vereinigung mit dem Mann – im Mondlicht baden. Die Menschen jener archaischen Kulturen betrachteten ebenso wie die späterer Hochkulturen, die Gestirne als Götter. Der Mann wußte wohl, daß er durch seinen Samen Leben zeugt, doch entschied das göttliche Prinzip in der Frau, ob sich die Befruchtung auch vollziehen würde.

In den alten *Rig Veden* (etwa 2000-1500 vor Christus) lobpreist die Tochter eines *Aryars*-Königs die Schöpfung des »Kosmos«, der Natur und des Menschen durch die Urmutter. »Sie ist der Atem des Werdens und des Vergehens, reiner Geist und Materie«.

Die Frau vereinte in der matriarchalischen Zivilisation das Geheimnis des Geistes und der

56

1 Oft war und ist die Frau dem Mann untertan

Materie in der Schöpfung von neuem Leben. Nicht vom Mann, sondern von Göttern und Gestirnen wurde sie befruchtet, wenn sie große Helden und Propheten gebar. Ein Beispiel aus der Antiken Welt ist Alexander der Große. Einer alten Sage nach wurde er im Liebesspiel zwischen einem Gott und Olympias, Frau des Makedonierkönigs Philipp II und Priesterin eines Schlangenkults, gezeugt. Der Schlangenkult fand seine Entstehung in matriarchalischen Hochkulturen und deutete in der Sexualität auf die Bejahung im Spirituellen hin. Auch Kleopatra scheint diesem Kult erlegen gewesen zu sein, sie starb durch das Gift einer Schlange.

Die *Manifestation des Göttlichen* spiegelt sich auch bei den Religionsgründern wie Zarathustra und Jesus Christus deutlich wider. Maria empfing Jesus Christus durch den Heiligen Geist, und sie wird im Marienkult der griechisch-orthodoxen Kirche gleich wie Jesus Christus verehrt.

In diesem Zusammenhang möchte ich daran erinnern, daß Jesus Christus nicht aus Europa sondern aus Vorderasien stammt, wo die Ursprünge des Matriarchats lagen.

Männer, die von der weiten Verbreitung des Matriarchats in den alten Hochkulturen und der spirituellen Stellung der Frau wenig überzeugt sind, werden nicht gerne hören, daß die späte-

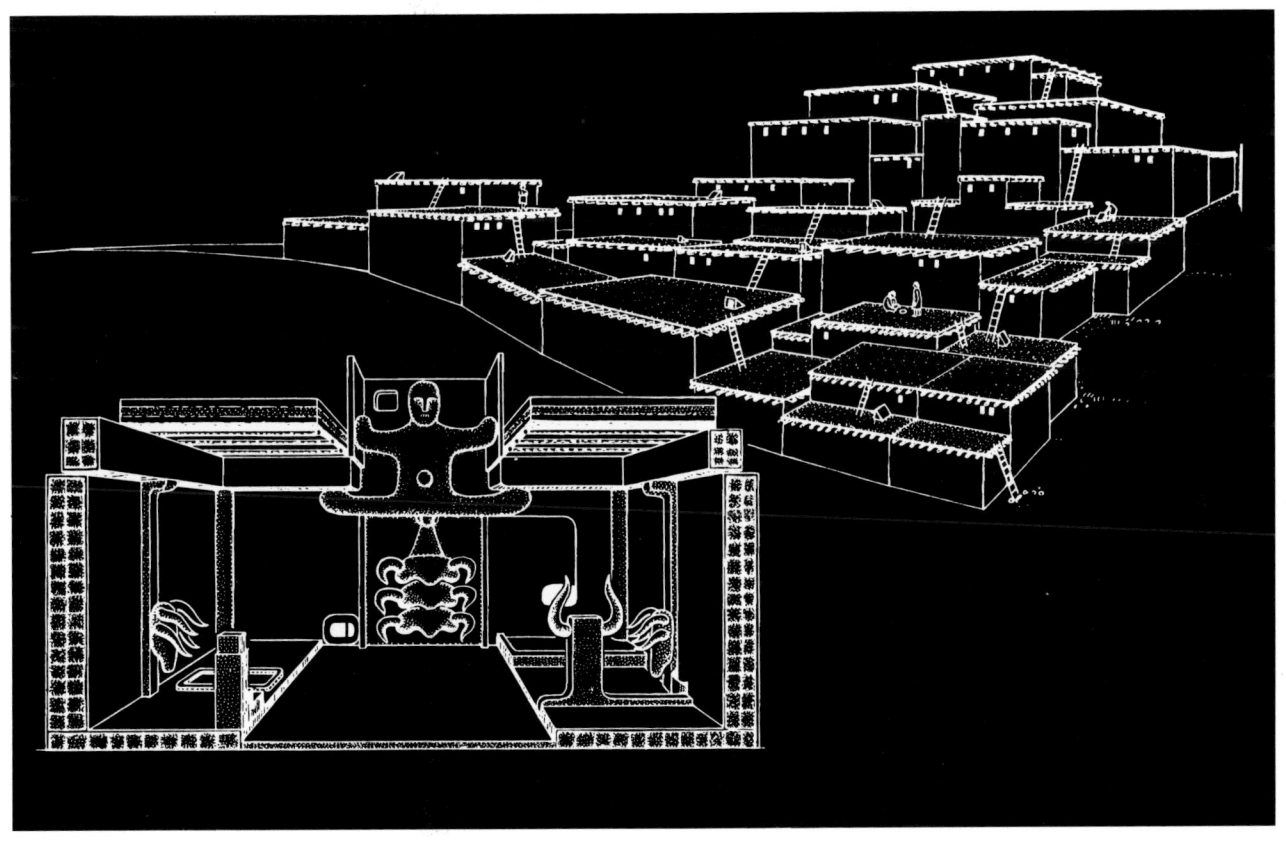

2 Catal Hüyük in Anatolien

re Überbewertung des »starken« Geschlechts aus einer sich minderwertig fühlenden patriarchalischen Gedankenwelt entstand.

Doch kehren wir zurück zu den Anfängen der matriarchalischen Zivilisation, die den Grundstock für die Hochkulturen in Asien und Europa legte.

Um 10 000 vor Christus entwickelte sich die matriarchalische Zivilisation in den warmen Klimazonen des Mittelmeerraumes, in Nordafrika und im Nahen Osten bis nach Indien. André van Lysebeth beschreibt dies eindrucksvoll in seinem Buch »Tantra für Menschen von heute«. (Siehe Seite 158)

Um 9000 vor Christus entstanden im Vorderen Orient die ersten großen Ansiedlungen wie Jericho oder »Cata Hüyük« in Anatolien. Sie wurden später bedeutende Handelspunkte.

DIE WURZELN DES TANTRA: MATRIARCHALISCHE HOCHKULTUREN

Um diese Zeit entwickelten sich die ersten Hochkulturen der matriarchalischen Zivilisation.

Die nachfolgenden Großkulturen wurden bis in unsere Zeit im südlichen Europa durch die minoische kretische Kultur, im Vorderen Orient durch die ägyptische, im mittleren Orient durch die sumerische, elamitische und im heutigen afghanisch-pakistanisch-indischen Raum durch die Induskultur mitbestimmt (1).

Diese Zivilisationen standen in engem Zusammenhang und hatten die gleiche Urgöttin. Bei den Sumerern hieß sie *Innana* (2) und die Indus nannten sie *Kali*, die sie im Fruchtbarkeitskult als Mondgöttin verehrten. In beiden Groß-

58

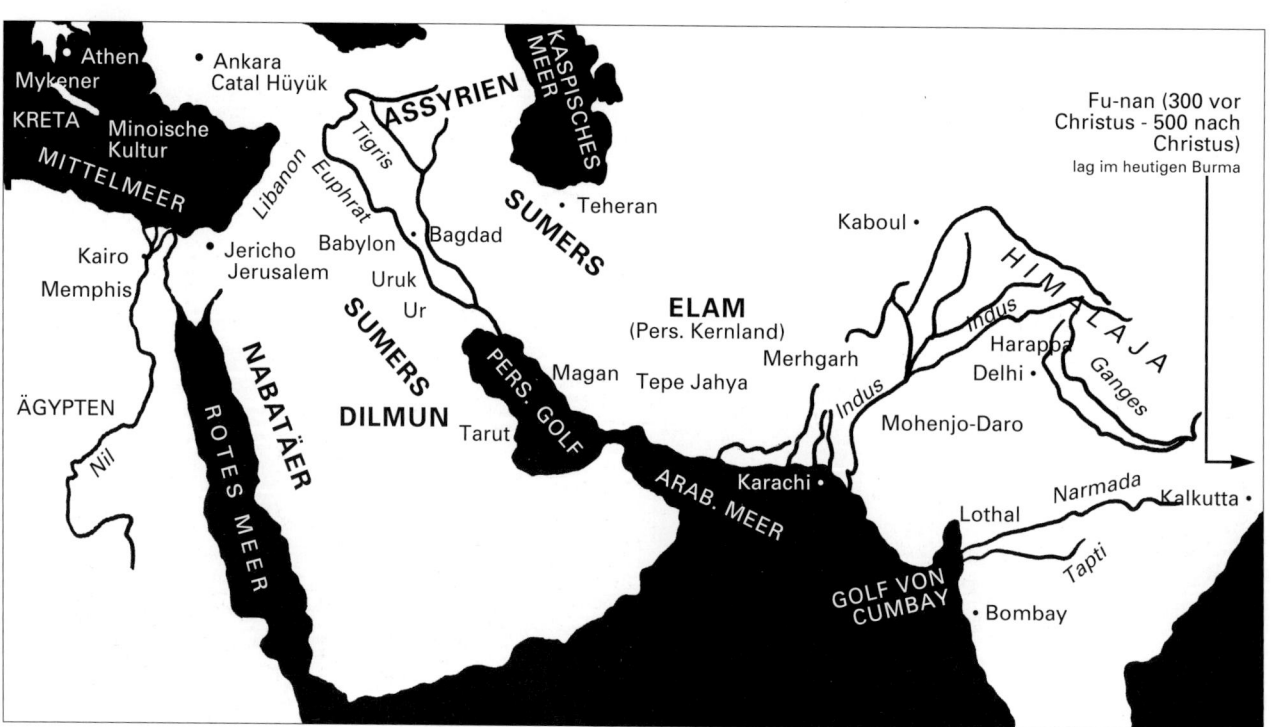

1 Karte der ersten matriarchalischen Hochkulturen

2 Die Mondgöttin Innana

kulturen wurde durch den Einfall der Arier das Matriarchat durch das Patriarchat ersetzt. In allen matriarchalischen Hochkulturen verwaltete die Frau als Priesterin den Besitz von Stadt und Land der Urgöttin auf Erden.

Der Mann stand ihr dabei hilfreich zur Seite und achtete sie als Manifestation des Göttlichen. In der mesopotamischen Kultur der Sumerer findet man auf Statuen Mann und Frau zusammen als Herrscher, Priester oder Kaufleute dargestellt. Beide teilen sich die Macht auf Erden und im Himmel und ehrten ihre Götter. Die Priesterin oder der Priester als Orakel ersetzten den späteren König oder Gottkönig. Am Unterlauf von Euphrat und Tigris, den beiden »Paradiesströmen«, entstand das sumerische Reich. Die sumerische Keilschrift gilt als die älteste Schrift der Welt. Die Bibel beschrieb das

3 Das Ischthar-Tor, Wahrzeichen von Uruk. Malerei von Oskar Hodosi.

sumerische Reich als Land Sinear. Im 5. Jahrhundert vor Christus entstand hier Uruk, eine der Urstädte der Sumerer (siehe Abb. 3, Seite 59).

Mit diesem Mythos ist auch das Entstehen der mächtigen, vielstufigen Tempeltürme, der *Zikkurate*, verbunden, zum Beispiel des Turmes von Babel.

Zikkurate, Türme zum Mond, hoben die Priesterinnen der Sumerer empor zur Vereinigung mit den Gestirnen, den Göttern.

Hier wurde der König, stellvertretend für sein Volk, der Göttin *Innana* geweiht und geopfert. Als Herodot 460 vor Christus nach Babylon kam, beschrieb er diese Opferstätte wie folgt:

1 Der Mann als Herr der Frau.

»Auf acht Türmen, immer einer auf den anderen, steht ein kleiner Tempel. In diesem ist ein großes wohlbereitetes Bett und daneben ein Tisch. Kein Götterbild ist im Tempel angebracht.«

Die Gewalt lag allein bei der Göttin und Königin. Sie wählte sich den Geliebten für ein Mondjahr aus und verlieh ihm ihre Macht. Erfüllte sich das Jahr mit dem dreizehnten Vollmond, so wurde der König zur Entsühnung des Volkes geopfert. Danach erwarteten ihn das ewige Leben und göttliche Verehrung.

Später war *Innana* nicht mehr Mutter, sondern Tochter des Mondgottes, und hieß *Ischthar-Innana*. Nachdem sie nun ihre absolute Stellung eingebüßt hatte, mußte sie den Mann als Herrn über sich anerkennen.

Nicht die Göttin, die Frau, erträumte die Sterne, den Himmel, die Natur und den Menschen, sondern ein strenger Gott, als dessen Ebenbild der Mann geschaffen war (1).

Als direkter Mittler zu Gott und alleiniger Geistträger erschuf er durch die Zeugungskraft seines Samens neues Leben.

DIE INDUSZIVILISATION

Als Vorläufer der Induskultur und Wiege des Tantrismus gilt die uralte Siedlung Merhgarh, die bis in das neunte Jahrtausend vor Christus zurückreicht.

Im fruchtbaren Industal des heutigen Pakistan bis nach Bombay, entstanden in den späteren Jahrtausenden hochentwickelte Stadtkulturen wie Mohenjo-Daro, Harappa und die große Hafenstadt Lothal (siehe Abb. 1, Seite 58).

Die Induszivilisation bestand aus über hundert Städten und dem dazugehörigen Land.

Sie dehnte sich im vierten Jahrtausend über eine Fläche von 1,5 Millionen Quadratkilometer vom Fuß des Himalaya bis zum Arabischen Meer aus. Wie bei den Sumerern oder Elamiten verwalteten Priesterkönige die Städte. Nicht ihnen, sondern ihren Göttern gehörten die Städte und das Land. Es herrschte eine Zentralmacht und ein gut funktionierendes Staatsgefüge zwischen den einzelnen Städten. Wohlstand sicherte den Frieden.

Ein weit verzweigtes Straßennetz verband die selbstständigen, weit voneinander entfernten Städte miteinander und ermöglichte den notwendigen Austausch von Nahrung und Gebrauchsgütern. Karren mit Ochsengespannen und Kamele transportierten die Waren.

Im Hafen der großen Stadt Lothal konnten um 2500 vor Christus bereits mehr als fünfzig große Schiffe zur gleichen Zeit vor Anker gehen. Schon damals wurden schwierigste architektonische und technische Probleme hervorragend gelöst. Fast 2 500 Kilometer entfernte sumerische Städte importierten Möbel mit eingelegten Intarsien aus Muscheln und Elfenbein über den See- und Landweg aus der Induszivilisation.

Als furchtloses Seefahrervolk bekannt, trieben die Indus regen Handel mit Mesopotamien, dem alten Ägypten und den Kretern. Man vermutet, daß sie auf ihrer langen und beschwerlichen Seefahrt sogar die Osterinseln entdeckten, eine unscheinbare und schwer auffindbare Inselgruppe mitten in der nördlichen Hälfte des Pazifiks, zwischen Nordamerika und Asien. Näherte man sich Mohenja-Daro oder Harappa, so erhob sich von weitem sichtbar, auf dem höchsten Hügel dieser Stadt, eine befestigte Anlage, die Akropolis. Die Indoarier bezeichneten in den Schriften der *Rig Veden* diese Befestigungen als Götterburgen, die hoch über der Erde im mythischen Himmel schweben. Unweit der Akropolis auf gleicher Höhe, lagerten riesige Getreidesilos, die durch ihre hohe Lage vor Überschwemmungen geschützt waren. Der einzige Sakralbau der Induszivilisation war über den Terrassen der Akropolis erbaut. Ein großangelegtes Wasserbecken mit Säulen, umgeben von kabinenartigen Backsteinkonstruktionen, diente den Stadtbewohnern zur Entspannung. Hier wurde wahrscheinlich Yoga gelehrt und religiöse Reinigungsrituale abgehalten.

Yoga war ein wesentlicher spiritueller Bestandteil der damaligen Zivilisation. Selbst die Götter wurden auf Indussiegeln oder in Kleinplastiken in meditativen Yogahaltungen dargestellt.

MENSCH UND GESTIRNE

Die Priester der alten Sumerer, der Induszivilisation und anderer Hochkulturen beobachteten den Lauf der Gestirne am Himmel über Jahrtausende und brachten sie mit dem Leben der Menschen und mit ihren Schicksalen in Verbindung. Sie konnten mit dem freien Auge die sieben Planeten unseres Sonnensystems sehen, deren Umlauf um die Sonne messen und den Einfluß von Sonne und Mond auf die Erde erkennen; deshalb wurde die Zahl »sieben« zu einer magischen Zahl.

Den Zusammenhang zwischen den Gestirnen und den Menschen stellten die Künstler der Induszivilisation in Plastiken und Bildern durch die meditativen Körperstellungen ihrer Götter dar. Nahmen die Priester oder Yogis jener Hochkulturen diese wunderschönen Gebetshaltungen ein, so vereinten sie sich mit ihren Göttern. Auf mich wirken sie so ausdrucksstark, daß ich sie als eine »Körpersprache mit den Göttern« bezeichne (1 bis 4).

Die Priester der indischen Hochkulturen tauschten sich auch über ihre Wissenschaften untereinander aus und gaben diese mündlich oder schriftlich in Ton- oder Steintafeln an die Nachgeborenen weiter.

In der Induszivilisation erkannte man lange vor den Indoariern die gesundheitlich medizinische Auswirkung der Körperstellungen auf den ganzheitlichen Organismus des Menschen. Deshalb ersetzte das großzügig angelegte Bad sakrale Monumente und Tempel.

Bereits damals erkannten und fanden die Priester der Induszivilisation den eigentlichen heiligen Ort im Menschen selbst. Die Mutter- und Fruchtbarkeitskulte bildeten die Wurzeln des Tantra. Die Sexualität wurde als treibende Kraft der Spiritualität erkannt.

Ähnlich wie in den viel später entstandenen buddhistischen Tantras (Tantra=die Lehre; Tantras=verschiedene Schriften und Auslegungen der Lehre Tantra) wurde das weibliche Prinzip als statisch und das männliche als kinetisch bezeichnet.

In den hinduistischen, von den Ariern geprägten Tantras kehrten sich diese beiden Prinzipien um.

1 Drehsitz   *Gebundener Lotus 2*

Prajna oder *Shakti* symbolisierte den Mutterschoß, aus dem das Leben, der Kosmos und der Mensch geboren wurde und wieder verschwand. Dieser wiederkehrende Zyklus des Universums und des Lebens deckt sich mit den Ansichten der modernen Kosmologie. Das damit verbundene Reinigungsritual mit den astrologischen Gebetshaltungen und der spirituellen sexuellen Vereinigung zwischen Mensch und Gott fand in jener Zeit auf den Terrassen der Akropolis statt (3 und 4).

Die Sonne und der Mond am Himmel waren die tanzenden Begleiter dieses Rituals.

Um 1700 vor Christus wurde die Induszivilisation, die die Größe von Mitteleuropa hatte, von einem Erdbeben heimgesucht: Die Küsten des arabischen Meeres hoben sich, unterirdische Gase schütteten eine Landbarriere auf, die den Indus den Weg zum Meer versperrte, Überschwemmungen und Schlammablagerungen überzogen das Land und die Städte.

Eine weitere ökologische Belastung wurde von der Bevölkerung selbst verursacht. Um den ständigen Bevölkerungszuwachs zu verkraften und neuen Ackerboden zu erhalten, rodete man die dichten Wälder Indiens und Pakistans ab und machte das Land unfruchtbar.

Hungersnöte zwangen Teile der Bevölkerung, ihre Städte zu verlassen und in den Süden Indiens auszuwandern.

3 Der Lotusbaum   *Statue 4*

Die politische Zentralgewalt der Induszivilisation löste sich durch Unstimmigkeiten der Städte untereinander auf; das Reich zerfiel, es bildeten sich kleine eigenständige Staaten.

Im 13. Jahrhundert vor Christi Geburt drangen arische Stämme in das alte Persien und in das Gebiet der ehemaligen Induszivilisation ein. Mit Hilfe ihrer Streitwagen, ihrer Pferde, die sie zu Reittieren gezähmt hatten und der besseren Bewaffnung bezwangen sie die endlose Weite und die Städte der Elamiter, der alten Perser und der Induszivilisation.

Kehren wir zu den Anfängen der Eroberung zurück, die Indoarier mischten sich mit der Bevölkerung der ehemaligen Induszivilisation, der Boden für die Entstehung einer großen Religion wurde damit geschaffen: der Hinduismus entstand. Damals wurden an den Ufern von Indus, Nil, Tigris und Euphrat die gleichen Götter verehrt. *Innana,* die in der Induszivilisation *Kali* genannt wurde, symbolisierte als schwarze Göttin die nicht sichtbare Phase des Schwarzmondes und des entstehenden Neumondes, in der alle matriarchalischen Rituale stattfanden. Die Tradition reichte bis zu den Frauen des Mittelalters, die wegen ihrer übersinnlichen Kräfte als Hexen verfolgt wurden. Als sechzehnarmige Göttin ‚auf deren Stirn sich die Mondsichel spiegelt, erzeugt *Kali* durch ihre Kraft *Shakti,* Zeit und Raum, und verschlingt alles wieder. Als Anfang ohne Ende gebiert und nimmt sie Leben.

Shiva und Shakti

Die Yoginis als Symbol für *Shakti,* lebten mit ihren männlichen Gefährten, den Yogis, schon damals in den Höhlen des Himalaja.

Da hier die Quellen der heiligen Flüsse liegen und man der Sonne und dem Mond so nahe ist, galt dieses Bergmassiv schon für die Induszivilisation als heilig. Die Höhle war für sie das Symbol der *Yoni,* dem Geschlechtsteil ihrer Göttin. Aus diesem wird das Leben geboren und in ihm löst sich jegliches Leben wieder auf. In der tiefen Stille, durch nichts abgelenkt, begegneten die Yogis mit ihren Yoginis in tiefer Meditation, oder in sexueller Vereinigung, ihrer gemeinsamen Urmutter *Kali.* Sie ist die Schöpferin des Geistes und der Materie.

Im Winter verließen sie die Höhlen und zogen hinab ins wärmere Tal. Manche überwinterten jedoch in ihren Höhlen. Sie beherrschten besondere Techniken der Wärmeregulierung und ernährten sich von bestimmten Pflanzen, die das Hungergefühl stillten.

Noch heute gibt es geheime Yoga-Gemeinschaften im Himalaja.

Auf alten Indussiegeln wurde *Pashupati* als Meister aller Tiere in Meditation dargestellt. Mit seinem erigierten Glied und den Hörnern auf seinem Helm verkörpert er die sexuelle Potenz des männlichen Schöpfungsprinzips. Er symbolisiert die Sonne, das Freudenspendende, und ist der Gott der Yogis. *Shiva* galt damals als Wiederverkörperung *Pashupatis.* Er verfügte über magisch okkulte Kräfte. *Sati,* die Tochter eines Arierkönigs mit Namen *Daksha,* war die Gefährtin Shivas. Wohl vertraut mit den magischen Ritualen der Arier, gab sie ihr Wissen an ihn weiter. Dieses Wissen bildet den ersten Teil der *Veden,* die *Rig Veden* (bis 2000 Jahre vor Christus), aus denen sich die spätere Religion der Inder und der Buddhismus entwickelte. Als *Sati* nach einer alten Legende durch die Schuld ihres Vaters starb, blieb *Shiva* für viele Jahre allein. In strengster Askese entwickelte er aus der Synthese beider Kulturen, der Induszivilisation und der arischen Kultur, ein systematisch aufgebautes rationales Yoga.

Schließlich hatten die Götter Mitleid mit ihm und sandten ihm *Parvati* (=Tochter des Gebirges), als Inkarnation *Satis*. In ihr fand *Shiva* eine neue Yogini und Gemahlin. Die Niederschrift der philosophischen Gespräche zwischen beiden wird im Tantra als *agama* bezeichnet, wenn *Shiva Parvati* unterrichtet und als *nigama*, wenn *Parvati* ihn belehrt.

Daraus ist klar ersichtlich, daß nicht nur *Shiva*, sondern auch *Parvati* damals außerordentlich spirituell geachtet war.

Man darf sich auch nicht vorstellen, daß beide von allem isoliert ihr Leben in der Höhle verbrachten. Sie wurden zu philosophischen Gesprächen an Königshöfe eingeladen und hielten regen Kontakt zu Yogis oder Priestern anderer Religionen oder Weltanschauungen.

Die Tantriker und die Yogis der vedischen asketischen Richtung anerkannten und verehrten *Shiva* gleichermaßen. Dadurch fand er Einlaß in den Pantheon der *Veden* und die späteren orthodoxen *Upanishaden*.

Zusammen mit den Göttern der Arier, Brahman und Vishnu, bildet *Shiva* als höchste Gottheit die Hindutrinität (1).

Aus der schönen Beziehung zwischen *Shiva* und *Parvati* entwickelte sich der Shiva- und Shakti-Kult im Tantra. Zusammen bildeten sie ein Kraftpotential, das alles vereint und die Essenz des Tantra ist. *Shiva* symbolisiert die Sonne, *Parvati* oder *Sati* (=*Shakti*) den Mond und umgekehrt.

Beide als *Shiva* und *Shakti* zerstören und erneuern sie im kosmischen Tanz den Kosmos und das Leben, wie es Ananda Kumaraswami, ein großer indischer Mönch und Poet, beschreibt: »In der Nacht des Brahman ist die Natur reglos und kann nicht tanzen, – bis Shiva es will. Er steht aus seiner Verzückung auf und schickt tausend pulsierende Wellen von erwachenden Töne durch die leblose Materie und siehe, – die Materie tanzt auch und legt sich als Glorienschein um ihn. Tanzend unterhält er ihre vielfachen Phänomene. In der Fülle der Zeit zerstört, immer noch tanzend, er alle Formen und Namen durch Feuer und schafft neue Ruhe.« Diese Urenergie, die Geist und Materie beseelt, heißt *Shakti*.

Schlafend, als *Kundalini*, ruht die *Shakti* im Menschen und erträumt das Leben jedes einzelnen. Daher gilt *Shiva* als Herr des Schlafes, der Zeit und des unermeßlichen Raumes.

1 *Shiva*, die höchste Gottheit. Malerei von Oskar Hodosi.

Vereint sich *Parvati* mit *Shiva* und umschließt ihre Vulva den Phallus Shivas, so erbeben beide durch die beseelende Kraft *Shakti*, und damit das ganze Universum.

Als Quelle des Lebens und der Wonne sind sie nun »Eins« und stellen das Symbol der Befreiung von Tod und Wiedergeburt dar. Deshalb gilt die sexuelle Vereinigung zwischen Yogi und Yogini als eine wesentliche tantrische Übung.

Erst dann aber, wenn sexuelle Vereinigung mit anderen meditativen Übungen im Tantra verbunden wird, erwachen der Yogi und die Yogini und werden zur gemeinsamen Erleuchtung geführt.

1 *Frau und Mann als spirituelles Paar.*

Shiva und *Parvati* gelten als Symbole einer gleichwertigen Partnerschaft, in der der Mann seine innere Frau und die Frau ihren inneren Mann entdeckt und findet. Daraus erst entwickelte sich das Yoga.

Tantra ist eine stille, zeitlose Form der Selbstfindung – es bedurfte eines viele Jahrtausende andauernden Matriarchats, damit es sich entwickeln konnte. Die meisten mündlich weitergegebenen oder später niedergeschriebenen Texte des Tantras sind Belehrungen und Übungen, die zur inneren Freiheit und Selbstfindung führen. Die körperlichen und geistigen Übungen gleichen den Zwiespalt der Gemütsbewegungen aus, die Ursache verschiedenster Probleme und Sorgen ist.

Die Sinneswahrnehmung wird sensibilisiert und das Leben lustvoller genossen. Tantriker lieben das Leben und bejahen es. Logik wird durch das Gefühl ersetzt und Flucht oder Verdrängung durch Konfrontation.

Den aus Freude und Ekstase gewonnenen Energiezuwachs setzt der Tantriker in der sozialen Einstellung zur Gesellschaft oder in der Fürsorge für andere um. Liebe und Sexualität sind das Bindeglied zu allem.

Der erotischen und sexuellen Erfüllung soll niemand ausweichen, denn Liebe ist die stärkste Zauberkraft. Als sexual-orientierte Form des Yoga strebt Tantra die Einheit von Materie und Geist an. Die Nutzung der sexuellen Energie dient als kosmischer Sprengsatz zum inneren Frieden und der Einheit mit Gott (1).

Liebe und Begehren treiben die Generationen in den nie endenden Kreislauf von Geburt und Tod. Die Befreiung *(moksha)* erreicht, wer die Sinnenlust enthüllt und die dabei empfundene Freude und Ekstase in Spiritualität umwandelt. Im Tantra gilt: »Der Mensch ist Gott«.

Die Lehre des Tantra bediente sich entweder einer Sprache des »Gemeinten«, *sandhā-bhasā*, oder einer »zwielichtigen« geheimen Sprache, *sandhyā-bhasā*. Durch die doppelsinnige Bedeutung seiner unzähligen Texte zwang das Tantra interessiert Suchende dazu, sich nicht nur intellektuell sondern auch praktisch damit auseinanderzusetzen.

Tantra ist keine Religion, sondern eine klar erkannte Wahrheit über den Ursprung und den Zusammenhang aller Dinge und Wesen, des gesamten Universums.

Tantra ist ein Netz, dessen Fäden ineinander greifen und aufeinander wirken. Tantra wird übersetzt als Gewebefaden, Tantra ist ein Ineinandergreifen von »Gesetzmäßigkeiten« im Menschen und seiner Umwelt. Das Unterbewußte des Menschen webt sich ein eigenes Netz aus inneren Zwängen. Um uns aus dieser Umklammerung zu befreien, müssen wir Faden um Faden lösen. Tantra zeigt uns den Weg zur Befreiung, aber wir selbst müssen ihn gehen (2 und 3).

Unsere moderne Gehirnforschung hat errechnet, daß das Gehirn 100 Milliarden Eindrücke in der Sekunde aufnimmt, aber nur 5000 Impulse pro Sekunde aussendet. Der große Rest ruht im Unterbewußten, das unser Leben beeinflußt und oft unsere vermeintliche Entscheidungsfreiheit trübt.

2 Spagat
Skorpion 3

Im Tantra umfaßt dieses Unterbewußte weit mehr: Es fügt das gespeicherte Wissen vorhergehender Evolutionen hinzu und läßt es zu einer schicksalhaften Macht werden, dem *Karma*. Die Beute dieser Macht sind wir selbst, indem wir uns darin verfangen (1).

Die tantrische Philosophie wurde in den dravidischen Texten als *Puranas* in Sanskrit und Tamili niedergeschrieben.

Durch die muslemische Eroberung von Teilen Nordindiens breitete sich das Tantra über die Sufis die als die ekstatischen Mystiker des Islam gelten, in allen Teilen des Ostens aus. Die sechs *shivaitischen Puranas* heißen: *Linga Purana, Skanda Purana, Shiva Purana, Brahman-*

da Purana und *Kārma Purana*. Da die Texte nur bruchstückhafte Zusammenfassungen sind, waren die Originaltexte an Umfang viel größer. Man nimmt an, daß in den Klöstern von Laos oder Burma ältere und vollständigere Texte aufbewahrt werden. Die frühesten vollständigen Texte dazu stammen aus den buddhistischen Schriften des *Vajrayana* und der *Mahayana*-Lehre aus dem 5. Jahrhundert nach Christus.

Das *Mahayana* bezeichnete sich als großes Boot, in dem erst dann wirkliche Befreiung für den einzelnen möglich ist, wenn alle Wesen befreit sind. In der damaligen *Mahayana*-Lehre des *mahasukka* (=große Wonne) führt die

1 OM-Haltung

sexuelle Vereinigung zur Selbstverwirklichung. Viele Elemente davon sind bereits in den *Veden* enthalten.

Tantrisches gibt es im *Hinduismus, Buddhismus* und *Jinismus* (siehe dazu die historische Tabelle auf Seite 154).

Maha Vira gründete 598 vor Christus die Religion des *Jinismus,* die eine extreme asketische Form aus dem *Vedischen* ist.

Die bekanntesten Tantras sind: *Saktisamgama, Kularnava, Mahanirvana* und *Tantraraja.* In den einen werden die philosophischen und in den anderen die magischen Inhalte oder die Wissenschaft des Klanges hervorgehoben.

Tantra lehnte das Kastenwesen ab.

Tilopa, Naropa und Milarepa verbreiteten das Tantra in Tibet und begründeten die Sekte der Rotmützen. Über die Mongolei kam diese Sekte im 8. Jahrhundert nach Christus nach China. Diese Form des Tantra wurde von den tantrischen Buddhisten der Tang-Zeit angewendet. Den *Taoisten* Chinas (500 vor Christus) war Tantra schon Jahrhunderte früher bekannt. Im unteren Mekong-Tal entstand vor Christi Geburt ein altes indisches Reich. Die Chinesen nannten es *Fu-nan* (=heutiges Burma).

Über China verbreitete sich das Tantra nach Japan. Aber auch hier war Tantra schon ein Bestandteil der shintoistischen Religion, lange bevor der Buddhismus von koreanischen Mönchen im 6. Jahrhundert eingeführt wurde.

Zwischen dem 6. und dem 17. Jahrhundert entwickelte sich die Hochblüte des Tantrismus in Bengalen, Assam, Kaschmir und Teilen Südindiens.

Alle Kulturen und Religionen sahen eine reinigende Wirkung des Wassers auf Körper und Seele. Bevor die orthodoxen Moslems ihre Moscheen ohne Schuhe betreten, verrichten sie bestimmte Reinigungsrituale und die »Fußwaschung« am Brunnen der Moschee. Auch die alten Christen verehrten die heiligende Kraft des Wassers, die Taufe von Johannes dem Täufer im Fluß Jordan erinnert daran. In allen vergangenen und noch bestehenden Zivilisationen wußte und weiß man von der lebensspendenden Bedeutung des Wassers. Immerhin besteht der Körper des Menschen zu zwei Dritteln aus Wasser, was auf seine Urvergangenheit als im Wasser lebendes Wesen hinweist.

In unserer westlichen Zivilisation werden die sichtbaren Teile des Körpers gepflegt, der innere Organismus jedoch häufig vernachlässigt: Wir baden uns und putzen uns die Zähne, doch ist die Zunge von Nahrungsrückständen belegt. Unsere Nasenlöcher und der Rachen werden nicht von Schleim gereinigt, so daß wir kaum richtig atmen können.

Manchmal essen wir zuviel und der Magen hängt wie ein Sack nach unten. Die im Magen zerlegte Nahrung kann dadurch nicht restlos vom Darm aufgenommen werden und verwest dort. Wir leiden unter üblem Mundgeruch und Gasbildung.

Durch falsche Ernährung (siehe Seite 88) bleibt der Rückstand als Kot oft bis zu zwei Wochen im Darm. Über den Blutkreislauf werden noch verwertbare Reste des Rückstands im Körper verteilt und als Gifte im Gesamtorganismus abgelagert. Folgen dieser Vernachlässigung des Körpers sind Beschwerden im Rachen-, Magen- und Darmbereich, bis hin zu bösartigen Erkrankungen. Die alte Induszivilisation, das tantrische und das vedische Yoga, betrachteten den Körper des Menschen als Tempel Gottes und legten daher großen Wert darauf, ihn gesund und stark zu erhalten.

DIE VIER SCHRITTE DES TANTRA

Das Tantra weist den Weg, um zu andauernder Gesundheit, langer Lebensdauer, Glückseligkeit und der Gipfelerfahrung der Einheit zu gelangen; er basiert auf folgenden vier Schritten: Reinigung und Heilung, Identifikation und Verinnerlichung, Harmonie und Gleichgewicht, Verschmelzen mit der Einheit.

Diese vier Punkte werden sich wie ein roter Faden durch die folgenden Ausführungen ziehen.

Die innere *Reinigung und Heilung* ist der erste Schritt in der Praxis des Tantra (siehe dazu Seite 70 ff.).

Identifikation und Verinnerlichung werden erreicht durch die Kraft des Atems (siehe Pranayama-Übungen Seite 103 ff.).

Über den Zauber der Liebe gelangt der Tantriker schließlich zu *Harmonie und Gleichgewicht* (siehe dazu Seite 123 ff.).

Das Verschmelzen mit der Einheit ist höchstes Ziel im Tantra. Wegen seiner Bedeutung und Komplexität widme ich diesem Schritt und Höhepunkt im Tantra das ganze letzte Kapitel (siehe Seite 139 ff.).

Reinigung und Heilung

Die krankmachende Einstellung zum Körper und das negativ eingeschränkte Denken, verhindern die eigene Entfaltung. Erst wenn man sie überwunden hat, kann man sich frei entwickeln. Durch Reinigungsübungen und physisches Training in bestimmten Körperhaltungen, den *Asanas*, regt man den Willen und das Bewußtwerden an. Die träge Einstellung und programmierte Haltung ändert sich, man will und kann sein Leben selbst tatkräftig in die Hand nehmen.

Im Tantra bezeichnet man diesen Vorgang als eine Umwandlung des grobstofflichen in den feinstofflichen Körper.

Nach dem Ebenbild Gottes, der durch das *Sadhana* in einem erwacht, wird man »gereinigt« und »geheiligt«. Das *Sadhana* besteht aus Übungsvorgängen, die ineinander verflochten sind und als umfassender, spiritueller Übungsvorgang zur Erweiterung des Bewußtsein führten.

Die zur inneren Reinigung und Heilung nötigen sechs Handlungen nennt man *Kriyas*.

Hier möchte ich mich auf die drei wesentlichen und auch am leichtesten umsetzbaren beschränken (mehr Informationen dazu finden Sie in meinem Buch: »Yoga – der Schrei nach Leben«, siehe Seite 158).

Jala-Neti (1)

Die Reinigung der Nase und des Rachenraumes.

Nehmen Sie ein Kännchen mit einem Schnabel, füllen Sie es mit lauwarmen Wasser an und geben Sie einen halbvollen Teelöffel Meersalz dazu. Gießen Sie das Wasser durch das eine Nasenloch und lassen Sie es zum anderen wieder hinausfließen. Atmen Sie dabei durch den leicht geöffneten Mund.

Nachdem der Vorgang durch das andere Nasenloch wiederholt wurde, blasen Sie, indem Sie ein Nasenloch zuhalten, das restliche Wasser aus dem jeweils anderen Nasenloch heraus.

Leiden Sie unter Verstopfung des Nasen- und Rachenraumes, Stirnhöhlen- und Nebenhöhlenvereiterung, so geben Sie dem Salzwasser zusätzlich einige Tropfen Chinaöl oder Carmol bei. Dies wird Ihnen schnell ein Gefühl der Linderung geben.

Dhauti (2)

Entfernen Sie mit einem Löffel Schleim und Nahrungsrückstände von Zunge und Zungenwurzel. Befeuchten Sie danach Ihren Daumen mit sehr warmem Wasser und reinigen Sie das Gaumenzäpfchen im Rachenraum.

Füllen Sie nun Ihren Mund mit warmem Wasser. Um Ihre Wangen zu stärken und der Faltenbildung vorzubeugen, blähen Sie die Wangen stoßartig mit gefülltem Mund einige Male auf, insgesamt etwa eine Minute lang. Speien Sie dann das Wasser aus.

1

2

1 Eine träge Einstellung zu sich selbst verhindert die freie Entfaltung der Persönlichkeit.

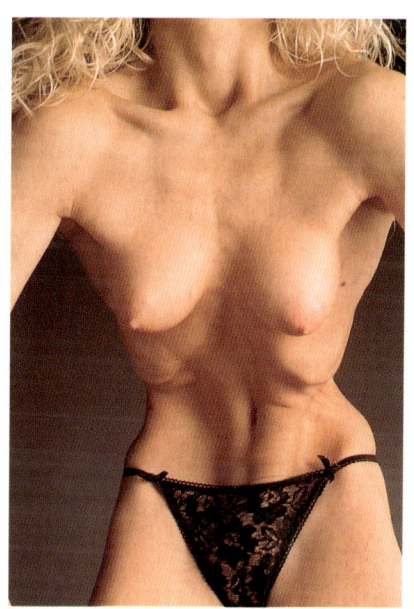

2

3

4

<u>Nauli</u> oder <u>Laulika</u> (2 bis 4)

Leiden Sie an Erkrankungen des Magen-Darm-Traktes oder haben Sie Beschwerden beim Stuhlgang, trinken Sie vor der Übung ein Glas warmes Wasser. Die Übung sollte vor dem Frühstück erfolgen.

a. Mit leicht gegrätschten Beinen und leicht gebeugten Knien stehen und die Hände auf die Oberschenkel legen. Ausatmen, den Nabel zur Wirbelsäule einziehen und sich auf den Bauch konzentrieren (2).

b. Nach einigen Wochen der Übung isolieren Sie nun zusätzlich den Bauchmuskel, so daß er einen senkrechten Strang in der Bauchmitte zum Genitalbereich hin bildet (3).

c. Beherrschen Sie dies, so stützen Sie sich mit beiden Händen auf den Oberschenkeln knapp oberhalb der Knie ab, und bewegen Sie dabei den Bauchmuskel nach rechts und links. Spä-ter, nach oftmaligem Üben, entsteht daraus eine wellenförmige Bewegung, die dazu beiträgt, daß die inneren Bauchorgane stärker durchblutet und massiert werden. Auch Magen, Darm und Leber werden dadurch gestärkt, Menstruationsbeschwerden behoben. Die Übung reguliert und regt die Verdauung und Ihr inneres Kraftwerk – den Solarplexus – an (4).

Nach dem Stuhlgang reinigen Sie mit dem angefeuchteten Mittelfinger den Enddarm von verbliebenen Kotrückständen. Dadurch verhindern Sie eine mögliche Darmkrebserkrankung. Nach jedem Urinlassen sollten die Männer die Eichel mit kaltem Wasser abspülen. Erstens wirkt dies gegen Impotenz, und zweitens werden so Unterleibserkrankungen bei der Frau vermieden, die durch schlechte Hygiene des Mannes entstehen können.

Kunst und Rituale im Tantra

Da das Tantra über Jahrtausende entwickelt wurde, gibt es unzählige buddhistische und hinduistische Richtungen. Das Wesentliche aber bleibt bei allen die spirituelle Beziehung zwischen *Shiva* und *Shakti*.

DIE INNERE BALANCE

Die nun folgenden Partnerübungen sollen Ihnen Freude bereiten. Auch wenn es beim ersten Mal nicht klappt, verzagen Sie nicht, und versuchen Sie es nochmals. Breiten Sie eine Decke auf dem Boden aus und beginnen Sie.

Dreieck (1). Stehen Sie aufrecht und strecken Sie einen Arm senkrecht nach oben. Beugen Sie sich nun seitlich nach rechts, so weit sie können, und blicken Sie nach oben. – Danach Seitenwechsel.

Ebene (2). Stehen Sie aufrecht, Rücken an Rücken. Fassen Sie sich

In der tantrischen Puja, unserer Heiligen Messe ähnlich, versenken sich Mann und Frau in Verehrung und Anbetung des Göttlichen.

beide unter den Armen. Der eine hebt nun den anderen Partner hoch. Der Obenliegende grätscht die Beine soweit wie möglich. – Partnerwechsel.

Spagat (3). Grätschen Sie die Beine und berühren Sie einander an den Füßen. Stützen Sie sich mit beiden Händen rückwärts am Boden auf und versuchen Sie, mit gegrätschten Beinen einander näher zu kommen. Legen Sie nun die Hände auf die Oberschenkel des Partners und blicken Sie einander in die Augen.

2 Ebene

1 Dreieck

3 Spagat

■ <u>Drehsitz (4)</u>. Strecken Sie das rechte Bein aus und winkeln Sie das andere Bein an. Fassen Sie nun gegengleich die Hände ihres Partners und blicken Sie nach hinten. – Seitenwechsel. ■

■ <u>Bergstellung (5)</u>. Sitzen Sie im Langsitz zueinander und strecken Sie nun das rechte bzw. das linke Bein nach vorn. Stützen Sie sich mit den Händen rückwärts am Boden auf und strecken Sie das andere Bein nach oben. Die Füße der Partner berühren und stützen einander. – Seitenwechsel ■

■ <u>Hebeübung (6)</u>. Sitzen Sie aufrecht, mit nach vorn gestreckten Beinen. Einer von beiden grätscht dabei leicht die Beine. Stützen Sie sich nun seitlich auf und versuchen Sie zuerst das Gesäß und danach beide gestreckten Beine zu heben. ■

76

4 Drehsitz

5 Bergstellung

6 Hebeübung

7 Zange mit gestreckter Brücke

8 Kamel

9 Pflug

Zange mit gestreckter Brücke (7).
Einer der Partner sitzt aufrecht, beide Beine sind nach vorn gestreckt. Beugen Sie nun Ihren Oberkörper nach vorn und fassen Sie beide Knöchel oder Füsse.
Der andere Partner legt sich nun mit dem Rücken auf den Rücken des Partners, wobei die Beine zuerst angewinkelt und dann durchgestreckt sind. Atmen Sie nun beide einige Male synchron ein und aus. – Partnerwechsel ▮

Kamel (8). Im Kniestand berühren sich die Oberschenkel beider Partner. Legen Sie nun die Hände auf die Fußsohlen, der Kopf hängt nach hinten unten – Brustkorb wölbt sich nach oben. ▮

Pflug (9). Sie liegen auf dem Rücken, die Köpfe beider Partner sind etwa einen halben Meter voneinander entfernt, die Arme liegen neben dem Körper. Schlagen Sie nun die Beine gegrätscht in einem Halbkreis nach rückwärts, so daß die Fußspitzen den Boden berühren. Kinn zum Brustbein drücken, Arme nach vorn gestreckt, Finger sind ineinander. ▮

Schwebende Stellung (10). Einer von Ihnen liegt auf dem Rücken und stützt seine Füße in der Beckengegend des aufrecht stehenden Partners ab. An den Händen fassend drückt der am Boden liegende seinen Partner nun hoch, indem beide die Knie und Beine durchstrecken.
Hat man das Gefühl, ruhig zu schweben, so versucht man einen Arm nach vorn zu strecken. Nach

77

10 Schwebende Stellung

11 Zange und gestreckter Pfau

längerem Üben kann man auch den zweiten Arm nach vorn strecken. Der Untenliegende muß immer bereit sein, den Partner mit den Händen aufzufangen. ■

■ Zange und gestreckter Pfau (11). Ein Partner sitzt aufrecht mit ge- streckten Beinen und faßt, indem er seinen Oberkörper vorbeugt,

seine Knöchel. Der andere legt bei- de Hände auf den Rücken seines Partners unterhalb der Schulter- blätter. Die Ellenbogen werden nun neben den Nabel gedrückt. In- dem man das Gewicht ein wenig nach vorn verlagert, drückt man sich hoch und streckt beide Beine nach hinten. – Partnerwechsel. Die- se Übung ist sehr schwierig und

sollte anfangs nur vorsichtig ver- sucht werden. ■

Bei den Parntnerübungen werden Sie vermutlich bemerken, daß Ihre Muskeln, Sehnen und Gelenke nicht genügend kräftig, geschmei- dig und gelenkig sind. Seien Sie deswegen nicht enttäuscht. Durch häufiges Üben wird Ihre körperli- che Verfassung besser und die Ba- lance ausgeglichen. Tantra strebt die Ausgewogenheit und Einheit von Körper, Seele und Geist an. Alle in diesem Buch angeführten Übungen verhelfen dazu.

Wichtig dabei ist, die eigene träge Einstellung in Neugierde und Akti- vität umzusetzen. Tantra stellt den Menschen in Beziehung zu Natur und Kosmos und geht davon aus, daß die gleichen Kräfte des Uni- versums auch im Menschen wir- ken.

Die Eigenschaften dieser univer- sellen Kräfte werden unterschie- den in *tamas* (träge, dumpf), *rajas* (anregend bis explosiv wirkend) und *sattva* (ausgleichend).

Die Ausgewogenheit und Balance zwischen dem Kosmos, der Natur und dem Menschen gilt im Tantra als erklärtes Ziel.

KOSMOLOGIE IM TANTRA

Fragen wie, »woher komme ich«, »wohin gehe ich«, »wer bin ich« und »in welchem Bezug stehe ich zur Natur und dem Kosmos«, beschäftigen den Menschen seit jeher. Zur Beantwortung dieser Fragen wurden im alten Indien Fakten und Methoden über Jahrtausende gesammelt. Man versuchte durch eine Synthese von Wissenschaft und Kontemplation Phänomene und Geheimnisse des Universum und im Menschen zu ergründen. Medizin, Chemie und Alchemie, Astrologie und Astronomie beruhten auf empirisch experimentellen Erkenntnissen, verbunden mit intuitiven Einsichten und Visionen durch die Yogapraxis. Die aus den Naturwissenschaften gewonnenen Erkenntnisse fanden in der Kunst ihren Ausdruck. Tantra, entwickelt von der Induszivilisation und den arischen Eroberern, war zielgerichtet und überhaupt nicht an theoretischen Spekulationen interessiert. Die damaligen Vorstellungen über den Bezug von Raum und Zeit, der Natur des Lichtes und der Hitze, der Theorie von der Wellennatur des Tones decken sich mit den Ansichten unserer heutigen modernen Wissenschaft. Zur Zeit der alten Griechen kannte man im Tantra das Atom. Im Sanskrit wird es, wenn es unsichtbar und ungreifbar ist, als *anu* bezeichnet.

Verdichtet es sich und bildet das Molekül, so heißt es *paramanu*.

Auch die Frage nach dem Ursprung und dem Wesen des Kosmos beschäftigte die altindische Kultur. Schon im *Jyotisa-Vedanga* (400 vor Christus) stand geschrieben, daß ein universelles Prinzip, welches die ewige Ordnung bestimmt, im »Gewölbe des Himmels«, dem Universum, ruht. Riten und Rituale wurden durch Planetenkonstellationen bestimmt. Indische Könige bauten dafür riesige Observatorien wie zum Beispiel das Observatorium von Jaipur. Sie beobachteten die Gestirne und deren Einfluß auf den Menschen über Jahrtausende und zeichneten diese in unzähligen Diagrammen auf; Planetenkonstellationen wurden so auf die Sekunde genau berechnet. Inder berechneten damals bereits die Kugelgestalt der Erde und anderer Planeten, sowie die Rotation der Planeten um ihre Achse und um die Sonne. Sie entwickelten einen astronomischen Kalender auf wissenschaftlicher Basis.

Tantra erkannte den Einfluß der Gestirne auf den Menschen. Die wichtigste Erkenntnis darüber war jene, daß Planeten in ihrer natürlichen Rotation magnetische Kräfte freisetzen, die auf die Natur und den Menschen einwirken. Dieser Effekt gilt noch heute als Grundsatz der Astrologie. Den Zeitpunkt der effektivsten Krafteinwirkung wandte man bei der Medikamentenherstellung und deren Einnahme an. Parallelen dazu in unserer heutigen Zivilisation sind der Biorhythmus und auch der richtige Zeitpunkt, wann ein Medikament eingenommen werden soll. Die alten Inder beschäftigten sich aber auch mit der Wirkung von Edelsteinen auf den Organismus des Menschen, die Handlesekunst, Augendiagnostik und die Deutung verschiedenster Körpermale. Die Veränderung von Körpermalen, Knoten und der Haut, wird auch in der heutigen Medizin zum Beispiel in der Diagnostik von Krebs angewandt.

SEXUELLE ZAUBERMITTEL

Im Tantra wurde das gesamte Wissen chemischer Formeln für Medikamente und Drogen in der Medizin angewandt. Diese wurden auf der Basis von Quecksilber und Schwefel hergestellt. Über streng eingehaltene Rituale und unter Berücksichtigung bestimmter Planetenkonstellationen nahmen tantrische Yogis Drogen ein, um in Trance den direkten Kontakt über ihren Feinkörper zum Kosmos und zu Gott herzustellen.

Auch Gläubige nahmen diese Drogen ein. Man verwendete sie auch bei sexuellen Problemen und zur Intensivierung der sexuellen Vereinigung zwischen Mann und Frau während eines heiligen Rituals, zum Beispiel dem *Chakrapuja* oder dem *Maithuna* (siehe dazu auch Seite 84).

Um die Sexualität anzuregen, und die Lust über eine größere Zeitdauer zu verlängern, verwendeten die Tantriker der niederen Stufe als Aphrodisiakum Samen von *Bhäng (Cannabis indica)* und der Tulsi-Pflanze, oder indischen Basilikum *(Ocymum sanctum)* mit *Betelblättern*.

Frauen in den mexikanisch-indianischen Kulturen benutzten *Diamana*-Tee um die Sexualorgane anzuregen und die sexuelle Empfindungsfähigkeit zu steigern. Diese legale Droge, die man in der Apotheke als Turnera diffusa kaufen oder bestellen kann, vermischt man im Verhältnis 1:1 mit Palmkohl, *(Serenoa repens)*. Man läßt es 5 Minuten ziehen und trinkt es zwei Stunden vor dem Verkehr.

Yohimbin ist ebenfalls ein Aphrodisiakum und wird aus der Rinde eines afrikanischen Baumes gewonnen. Es ist in unseren Apotheken erhältlich.

Tantriker der höheren Stufe stimulieren ihre Potenz und Lustfähigkeit durch Techniken des Yoga (als Beispiele können eigentlich alle Übungen dieses Buches gelten). Statt anregende Drogen oder Lebenselexiere einzunehmen, produziert man im Tantra-Yoga durch die Körperstellungen und Atemtechniken körpereigene Hormone, die eine effektivere und andauerndere Wirkung haben.

Die Tantriker beschäftigten sich damit, ein Lebenselexier aus der Umwandlung von Substanzen zu gewinnen. Der Grundgedanke war der, auf diese Weise alle Energien des Körpers zu entfachen, zu vereinen und aufrechtzuerhalten.

Bei der Zubereitung des Lebenselexiers, welche in den verschiedensten chemischen Schriften des Tantra erklärt wird, gilt Quecksilber als die wesentliche Substanz. Asche wurde als bindendes Element hinzugefügt.

Zuerst wurde das Quecksilber mit dem gleichen Gewicht Gold verrieben und als »Amalgam« mit Schwefel, Borax und anderen Substanzen vermischt. Danach gab man die Mixtur in einen Schmelztiegel, deckte ihn zu und röstete die Masse ein wenig. Nahm man das so entstandene Mittel einmal im Monat ein, konnte man den Verfall des Körpers und den geistigen Alterungsprozess hinauszögern. Marco Polo berichtete, daß er in Indien beobachtet hatte, wie dieses Lebenselexier als Stimulator und Wiederbelebungsmittel verwendet wurde. Yogis tranken es und behaupteten, dadurch länger und gesünder leben zu können.

YANTRA UND MANDALA

Das gesamte Wissen über den Kosmos, die Natur und den Menschen wurde in kosmischen und meditativen Diagrammen in *Yantras* und *Mandalas* dargestellt (1).

1 Mahakala, *als männliche Verkörperung von* Kali *(Schrecken erregende Gottheit), dreht das Rad der Zeit,* Maya, *und damit die große Illusion unseres Lebens.* Malerei von Oskar Hodosi.

Ein *Yantra* oder *Mandala* gleicht einer kosmischen Landkarte, die den direkten meditativen Weg zum inneren Selbst im Menschen darstellt.

Der Kreis ist das Symbol für die Zeit, das Viereck für den Raum und das Dreieck für die Energie.

Die *Chakren* als Tore zum Feinkörper des Menschen haben die Form von *Mandalas*, aber auch die Grundrisse von Tempeln und berühmte Bauwerke wurden in Anlehnung an *Mandalas* gebaut.

Schreckenerregende Gottheiten, tantrische Heilige und Dämonen mit ungeheuren Energien, *Mahasiddhis*, wurden besonders beim buddhistischen Tantra in der Malerei und in Skulpturen dargestellt. Zorn, Leidenschaft und Raserei in diesen Darstellungen erinnern an tanzende Schamanen, die von »Geistern« besessen sind. Diese Darstellungen sind Abbildungen von ehemals großen tantrischen Yogis. Man nennt diese Yogis auch *vira* (=Held).

Nur ein Held, der nichts fürchtet, hat den Mut zur Begegnung mit sich selbst, denn Ängstliche und Mutlose flüchten vor sich selbst und den Problemen mit der Umwelt. Ein Tantriker zeigt unverhüllt seine Neigungen und Emotionen, jedoch ohne darüber die Kontrolle zu verlieren. Durch diese achtsame Beobachtung seiner positiven und negativen Eigenschaften kennt er sein eigenes Wesen und bringt das Rad der Zeit, *Maya*, seines *Karmas* (Schicksals), zur Ruhe. Wie diese Erkenntnis zu einem Extrem gesteigert werden kann, beweist die

Tatsache, daß im alten Indien manche Yogis und Yoginis auf Verbrennungsstätten lebten. Dort begegneten sie dem größten Ekel und Entsetzen.

Sie lebten zwischen Leichen und verbranntem Fleisch, sahen und hörten das Krachen zerberstender Schädel, Ergebnis der Hitze des Feuers. Daraus gewannen sie das Wissen um die eigene körperliche und geistige Vergänglichkeit. Dieses Erleben schleuderte sie mit voller Wucht in die Realität, in der sie jegliche Angst bezwangen und Gott in seiner unvorstellbaren Dimension erkannten.

SEHNSUCHT NACH DER SPIRITUELLEN GELIEBTEN

Im alten Indien schämte man sich seines Körpers nicht, auch nicht der Sexualität und der Sehnsucht nach der spirituellen Geliebten. In der Kunst der Tempelskulpturen und Miniaturmalereien umschlingen Mann und Frau einander, in Liebe und sexueller Hingabe (1).

Welch starke Kraft und Lebenslust werden durch die verschiedensten Liebesstellungen offenbar! Wen stört es, wenn beide in sinnlich erotischer Schönheit erstrahlen? Durch dieses Ritual offenbaren sie ihre inneren Erkenntnisse, ihre wahre Verfassung. Über die Aussagekraft des Körpers, der Gestik und der Blicke zueinander vermitteln sie diese – ohne etwas zu verhüllen.

Steht man vor den tantrischen Tempeln (Jagadamba-Tempel, Lakshamana-Tempel, Vishvanatha-Tempel) in Kadschuraho oder dem Sonnentempel in Konarak, so sieht man unzählige erotische Darstellungen. Tritt man aber in die Tempel ein, so steht man in einem leeren

1 Mann und Frau umschlingen einander in Liebe und sexueller Hingabe. Malerei von Oskar Hodosi.

dunklen Raum. Hier kann man die absolute Ruhe und Geborgenheit erfahren, die wir als Embryo im Mutterleib als schützend empfunden haben.

Sie läßt erahnen, was Tantra vermitteln will. Erst wenn wir dem Leben in all seinen Extremen begegnen, können wir uns auch davon lösen und zur inneren grenzenlosen Freiheit finden. Tantra ist losgelöst von den Fesseln der Intoleranz.

Im Tantra beruht die Welt auf einem dauernden Geboren-Werden und Sterben von Gestirnen, der Natur und dem Menschen.

Durch Zerstörung und Tod entwickeln sich neue Grundstrukturen von Raum und Zeit. Die Evolution erhält dadurch ihre Chance. Schöpfungs- und Zerstörungsprozeß werden in der tantrischen Kunst durch die schwarze Göttin *Kali* in ekstatischer Vereinigung mit *Mahakali*, dem Herrn der großen Zeit dargestellt.

Das spirituelle Paar *Shiva* und *Parvati (Shakti)* symbolisiert ähnliches. *Shiva* entspricht dem kosmischen Bewußtsein, ist unendlich und doch gleichzeitig allumfassend. Als männlich statisches Prinzip wird er durch das erigierte Glied, den *Lingam* dargestellt. *Shakti* oder *Parvati* entspricht der kosmischen Energie, der Dynamik.

Sie breitet sich durch Raum und Zeit aus, schafft Farbe, Form und Bewegung und manifestiert sich als Materie. Als schöpferisches, kreatives, weibliches Prinzip wird sie durch das weibliche Geschlechtsorgan *Yoni* dargestellt.

Der tantrische Yogi vereint diese beiden gleichwertigen Kräfte in sich. Äußeres heiliges Symbol dafür ist die sexuelle Vereinigung von Mann und Frau.

Diese spirituelle Verehrung zeigt sich nicht nur in der Lehre des Tantra und der Veden im Hinduismus, sondern auch im Christentum. Beide Symbole, das weibliche und männliche Geschlechtsorgan, ruhen auf Säulen neben dem Eingang frühgotischer Kirchen, wie zum Beispiel der Stephanskirche in Wien.

Gott ist in direkter Verbindung mit Mann und Frau und diese mit ihm.

Mann und Frau werden nicht nur im Tantra, sondern auch im Christentum nicht getrennt voneinander betrachtet, sondern sie bilden eine Einheit.

Der Unterschied zwischen der hinduistischen und christlichen Religion aber besteht darin, daß sich die hinduistische Religion zu anderen spirituellen und andersgesinnten Gruppen in Indien toleranter verhielt.

Die Veden und Vedenta-Gedanken der Indoarier (2000 vor Christus), das daraus entwickelte *Samkhya*-System (500 vor Christus) und der Tantrismus, obwohl doch grundverschieden, tolerierten und ergänzten einander über 4000 Jahre lang.

Neben totaler Lebensverneinung durch strenge Moral und Askese, blühten Sinnlichkeit, Erotik und Lebensbejahung auf.

Man stellte sich die Gottheiten personifiziert oder abstrakt vor, glaubte an einen, verschiedene, oder an überhaupt keinen Gott.

In der tantrischen *Puja*, unseren heiligen Messen ähnlich, versenken sich Mann und Frau in Verehrung und Anbetung des Göttlichen. Als deren Höhepunkt gilt allerdings die sexuelle Vereinigung, in der beide über das äußere Ritual zur inneren Erfahrung der Einheit der kosmischen Kräfte von *Shiva* und *Shakti* gelangen. Diese tantrische Richtung nennt man *Kulacara*-Pfad, eine Synthese zwischen dem rechts und linkshändigen Pfad. Frau und Mann sind gleichwertige Kraftüberträger der Libido.

Tantrische Weise beobachteten und sammelten über Jahrtausende Wissen über die menschliche Psyche. Lange vor Sigmund Freud, dem richtungweisenden Seelenforscher unserer westlichen Zivilisation, erkannten sie die Bedeutung der Libido. Der Libido entspricht im Tantra die schöpferische Energie des Kosmos. Wird diese angeregt, so sensibilisieren und vertiefen sich die Sinnesempfindungen über das Sehen, Hören, Berühren, Riechen und Schmecken. Dies geschieht über die sexuelle Vereinigung, welche als Sprungbrett und Transzendenz zur göttlichen Erfahrung wirkt.

Die Vertreter einer wahrscheinlich älteren tantrischen Richtung, die sich aus dem ursprünglichen Fruchtbarkeitskult entwickelte, meinen, daß der weiße männliche Samen in die weibliche *Yoni* ejakuliert werden soll.

Das Frühlingsfest *Holi* weist auf diesen uralten Fruchtbarkeitskult in Indien hin. Zu diesem jahreszeitlichen Höhepunkt war die Energie des Menschen und der Natur am stärksten zu spüren. Große Rituale zur sexuellen Vereinigung wurden abgehalten, wobei auch erotische Lieder gesungen wurden.

Anderen tantrischen Richtungen zufolge sollte der Orgasmus beim Mann, zumindest während einer rituellen sexuellen Vereinigung, unterbleiben. Der Frau werden so viele Orgasmen wie nur möglich erlaubt, da sie als Kraftüberträgerin für den Mann gilt. Als Geliebte des Tantrikers nennt man sie *Duti*, die Botin. Sie, als Meisterin, führt den Tantriker zur inneren Göttin. Sexuelle Riten sind im Tantra vom Reifungsprozeß jedes einzelnen abhängig.

Das *Chakrapuja*, das auch heute noch von Anhängern des Tantra praktiziert wird, verlief nach einer streng eingehaltenen Zeremonie. Zuerst nahmen die Teilnehmer zur Stimulierung der Sexualität Hanf als Süßigkeit ein. Als Symbol für die Elemente der Materie, aß man Fisch, gekochtes Fleisch, Getreide und trank Wein.

Ehepaare und Nichtverheiratete bildeten eine orgiastische kreisförmige Kette, *Chakra*, oder ein Rad, um ihren Guru.

Als Meister des Spiels *Chakreshavara* leitete der Guru die sexuelle Vereinigung.

Der Orgasmus beim Mann war streng untersagt.

Unter dem so erzeugten Kraftfeld beschwor man die Göttin *Kali* zu wirkungsvollem Eingreifen, wie zum Beispiel vor einer Schlacht. Diese magische Zeremonie wurde besonders an den Rajputen-Höfen Indiens abgehalten.

Im Ritual *Maithuna* vereinen sich die Partner in geistiger und sexueller Umarmung. Durch den aufgebauten Energievorrat erfahren beide Glückseligkeit. Dieses Gefühl erstrahlt nun ewig in der Stille beider Herzen. (Wie dieses Ritual praktiziert wird, siehe Seite 126).

Tantra versucht durch Rituale bestimmte Handlungen hervorzuheben, sie uns dadurch bewußter zu machen. Die Taufe, die Messe, der innige Blick, die Sexualität und die Liebe sind im Tantra gleichermaßen rituelles Spiel, das uns den Zugang zur Seele öffnet. Erst dann verstehen wir das große Geheimnis jenseits des rational logisch Erklärbaren – und schweigen.

ERSPÜREN DES ENERGIEFELDES

Durch die Sensibilisierungsübungen der vergangenen Kapitel sind Sie nun zum Erspüren des Energiekörpers bereit. Beginnen Sie nun mit der folgenden Übung, dem Erspüren des Energiefeldes.

ENERGIEÜBUNGEN

Übung a (1). Sitzen Sie aufrecht im Fersensitz auf Ihrer Decke. Winkeln Sie beide Arme an und halten Sie die Handflächen circa 60 Zentimeter voneinander entfernt. Schließen Sie nun beide Augen und konzentrieren Sie sich auf Ihre Handflächen.

Indem Sie nun die Distanz zwischen beiden Handflächen langsam verringern, fühlen Sie das dazwischenliegende und immer mehr spürbare Energiepolster (2). Sind Ihre Handflächen nur mehr 10 Zentimeter voneinander entfernt, konzentrieren Sie sich auf die Energie, die von Ihren Händen ausstrahlt.

Übung b (3, 4, 5). Diese Partnerübung sensibilisiert Ihr Einfühlungsvermögen und das Erspüren der Energie Ihres Partners. Hören Sie dazu Meditationsmusik .

(3) Beide Partner ruhen Knie an Knie im Fersensitz mit geschlossenen Augen, wobei die Fingerspitzen einander zart berühren. Konzentrieren Sie sich nun auf die Energie Ihres Partners und spüren Sie diese über Ihren Körper und die Hände.

(4) Intuitiv beginnt nun einer der Partner, sich aktiv in die Energie und die Musik einzuwiegen, wobei sich der passive vom aktiven Partner leiten läßt und »mitfließt«. Fließt die Energie zwischen den Partnern harmonisch, so bewegen sich beide Körper und Hände im meditativen Tanz, wie Blumen im sanften Wind. Verspürt der passive Teil den Wunsch, aktiv zu werden, ge-schieht dies übergangslos und ohne Absprache.

(5) Wechseln Sie spontan aber langsam und mit Gefühl zwischen dem Aktiv- und Passivsein ab und konzentrieren Sie sich auf die Energie, die den Rhythmus des Tanzes zwischen Ihnen beiden bestimmt.

1 Das Energiepolster erspüren

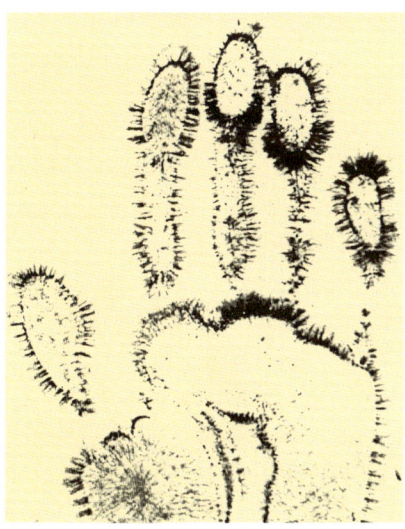

2 Kirlian-Foto – Aura oder Energiefeld

3 Fühlen der Energie

4 Energietanz

5 Rhythmus des Energietanzes

85

KUNST UND RITUALE

■ Übung c (1). Strecken Sie nun den rechten Arm nach vorn und den linken nach hinten. Bewegen Sie beide gestreckten Arme in einer Kreisbewegung nach vorn und nach hinten. Dieser symbolische Kreis um Ihre Körperachse entspricht Ihrem Energiekörper im Tantra-Yoga. ■

1 Das Umfeld des Energiekörpers

Vergleichen Sie nun Ihren Energiekörper mit einem Kraftwerk: Tritt dort eine Störung auf, so leidet darunter die Erzeugung von Energie und Strom.

Entwickeln Sie diese Vorstellung nun weiter und betrachten Sie den Zusammenhang zwischen dem Energiekörper und dem menschlichen Organismus.

Viele Menschen leben leider nur auf einem geringen Energieniveau. Probleme, Sorgen und Ängste halten die Lebensfreude, Kraft und Vitalität auf Sparflamme. Bedingt sowohl durch Vererbung, als auch durch eine negative Lebenseinstellung kommt es zu seelischen oder organischen Erkrankungen. Die Energie kann sich im Körper nicht verteilen, man fühlt sich unausgewogen, nervös, schwach und leidet an sexuellen Störungen.

Verspannungen im Rücken, den Muskeln, Sehnen und Gelenken sind ein spürbares Signal dafür.

Statt im Lot, aufgerichtet, sinkt der Körper in sich zusammen, die Wirbelsäule krümmt sich. Die Füße stehen nicht mehr fest am Boden, sondern das Körpergewicht ruht entweder auf den Zehen oder den Fersen. Manche Menschen stehen auch auf dem inneren oder äußeren Fußrist. Die Knie sind durchgestreckt, das Becken nach vorn, rückwärts oder zur Seite verschoben. Durch den eingezogenen Brustkorb, die hochgezogenen Schultern und die dadurch verkrümmte Wirbelsäule kommt es zu Knie-, Gelenks- und Bandscheibenbeschwerden. Die falsche Körperhaltung verhindert auch eine tiefe und entspannende Atmung. Da die Atmung mit dem vegetativen Nervensystem zusammenhängt, ruft eine falsche Atmung seelische Verspannung, Angst und Unwohlsein hervor. Das dadurch entstehende negative Denken wirkt auf den Allgemeinzustand. Seelisches Unbehagen äußert sich klar und deutlich an Körper und Organismus. Es gibt nur einen direkten Weg aus diesem Teufelskreis: Sein Schicksal selbst in die Hand nehmen. Was nicht weiter bringt: sich zu bemitleiden, oder seine Mitmenschen dauernd mit den eigenen Problemen zu belasten.

AUFLADEN DES ENERGIEKÖRPERS

Der Energiekörper wird durch die Lebensenergie *Prana* aufgeladen. Dieses *Prana* nimmt man über die Haut, die Atmung und die Nahrung zu sich. Um sich bewegen, kommunizieren und denken zu können, bedarf es des *Prana*.

Körperliche Verspannungen, seelische Verdrängung, zwiespältiges Denken und eine negative Einstellung zur gesunden Sexualität verhindern die volle Aufnahme und Verteilung des Prana im Gesamtorganismus des einzelnen.

Durch die folgenden Körperübungen, die *Asanas*, wird die Energie *Prana verstärkt* aufgenommen und gleichmäßig im gesamten Organismus verteilt. So kann die Sehnsucht jedes Menschen, jung, flexibel und gesund bis ins hohe Alter zu bleiben, verwirklicht werden. Man pflegt die Vitalität des Körpers und aktiviert die sexuelle Kraft. Beginnt man mit den Körperstellungen, so fühlt man sich anfangs ungelenkig und verspannt. Jede Übung verstärkt, einfach ausgedrückt, die positive Einstellung zum eigenen Leben.

Manche hören mit den Übungen frühzeitig auf und beweisen dadurch, daß sie ihr Leben gar nicht verändern wollen. Die Einstellung zum Leben kann nur verändert werden, wenn man mit den Körperübungen kontinuierlich arbeitet. Dadurch löst sich der Widerwille gegenüber der ganzheitlichen Veränderung auf und man gleitet, durch die ruhige Atmung, tiefer in sich selbst. Während der *Asanas* spürt man, wie sich die Verspannungen der Muskeln, der Wirbelsäule und der Gelenke lösen und die Energie gleichmäßig bis in die Fingerspitzen und Zehen strömt.

Symbolisch gesehen beheben die *Asanas* den Schaden im inneren Kraftwerk. Der Energiekörper lädt sich auf, und der Gesamtorganismus wird stark, flexibel und gesund.

Die *Asanas* wirken sich auf den menschlichen Organismus wie folgt aus:

1. Alle Muskeln werden gestärkt, besonders aber die Rückenmuskulatur.

2. Wirbel- und Bandscheibenbeschwerden wird vorgebeugt oder sie werden geheilt.

3. Bänder und Sehnen werden gestärkt und flexibler.

4. Die Gelenkfunktion wird bis ins hohe Alter erhalten.

5. Gesamtdurchblutung des Organismus, der Muskulatur und besonders der inneren Organe wird verbessert.

6. Unter- und Übergewicht wird ausgeglichen.

7. Chronischen Stresserkrankungen und Herzinfarktrisiken werden gemindert.

8. Dem Krebsrisiko wird vorgebeugt, die Heilung von Krebs wird durch eine bestimmte Yoga-Therapie unterstützt.

9. Das vegetative Nervensystem wird reguliert, es kommt zu Blutdruckausgleich und Pulsstabilisierung.

10. Über- und Unterfunktion der endokrinen Drüsen werden ausgeglichen.

11. Überträgerstoffe, wie Serotonin und Endorphine werden erzeugt und ausgestoßen. Sie beeinflussen das Gehirn und das Zentralnervensystem positiv.

Um die Übungen des Tantra-Yoga richtig praktizieren zu können, achten *Yogi* und *Yogini* sehr auf die Zusammensetzung und Menge der eingenommenen Nahrung.

Nichtgeschälte Getreideprodukte, Gemüse, Obst, Sojaprodukte, Milch und Käse, Hülsenfrüchte und Nüsse beinhalten alle wichtigen Vitamine, Mineralien, Ballaststoffe, Kohlehydrate und das notwendige Eiweiß.

Die Nahrung soll frisch, weder zu sauer, noch zu scharf, zu salzig, zu heiß oder zu kalt sein. Verkochte oder noch einmal aufgekochte Speisen sind möglichst zu vermeiden, denn sie haben zu viele wichtige Vitamine und Mineralien verloren.

Außer bei bestimmten Ritualen verzichtet der Tantra-Yogi normalerweise auf Fleisch, Eier, tierische Fette und Fisch. Sie verweilen zu lange im Darm und vergiften durch die Bildung von Fäulnisstoffen den gesamten Organismus.

Der Yogi ißt kleinere Malzeiten über den Tag verteilt und zerkaut sie richtig.

Zur richtigen Vorbereitung der Körperübungen breiten Sie nun eine Decke auf dem Boden aus und achten auf eine ruhige und angenehme Atmosphäre.

Legen Sie zur Untermalung ruhige Musik auf und zünden Sie eine Kerze an.

Wenn Sie mit Ihrem Partner gemeinsam üben, so können Sie einander bei schwierigeren Asanas helfen, sich gegenseitig korrigieren und Ihre Erfahrungen austauschen. Sie dürfen 2 bis 3 Stunden vorher nichts essen, damit der volle Magen Sie nicht bei den Übungen stört.

Außer dem Spagat, können Frauen während der Menstruation alle *Asanas* üben, denn dieser Zustand hat nichts mit Krankheit oder »Unreinheit« zu tun. Tantra lehrt, daß die Frau während der Menstruation am stärksten mit Energie und Lebenskraft aufgeladen ist.

Üben Sie dreimal pro Woche je eine halbe bis eine ganze Stunde am Tag. Der Abend ist die geeignetere Tageszeit dafür, weil der Körper weicher und gedehnter ist.

Nehmen Sie vorher ein heißes Bad und beginnen Sie dann mit dem angeführten Übungsprogramm, möglichst in der vorgesehenen Reihenfolge: also nach den Steh- und Sitzübungen fahren Sie mit dem Kopfstand und den Liegeübungen fort.

Fangen Sie behutsam mit den Asanas an und achten Sie auf das Zusammenspiel der Gelenke, Sehnen, Bänder, Muskeln und der Wirbelsäule. Werden Sie in der ruhenden Endposition zu einer atmenden Statue. Dehnen und entspannen Sie sich für ein bis zwei Minuten, lösen Sie sich langsam wieder und gleiten Sie ruhig atmend in die nächste Körperstellung. Nach den Übungen legen Sie sich auf den Rücken und entspannen Sie sich für zehn Minuten. Nehmen Sie kein heißes Bad danach, da sonst die heilende Wirkung auf den Organismus nachläßt.

Da auf jedem Übungsfoto zwei *Asanas* dargestellt sind, können Sie entweder beide oder nur die leichtere üben.

Bei manchen Übungen beschreibe ich auch die medizinische Auswirkung auf den Organismus.

STEHPOSITIONEN

Milz und Leber werden innerlich massiert und stärker durchblutet, die Füße, Beine und das Gesäß gekräftigt.

Die Verspannungen im Hüft-, Schulter- und Nackenbereich lösen sich.

Dreieck, *Trikonasana*, Variation I (1, Er) Grätsche – rechte Handfläche berührt den Boden – Blick und linker Arm nach oben gerichtet, in die gestreckte Flanke atmen. Seitenwechsel.

Dreieck Variation II (2, Sie) Beine sind geschlossen – seitliche Rumpfneigung – oberer Arm ist in Verlängerung des Rumpfes gestreckt, Blick nach oben, in die gestreckte Flanke atmen. Richtungswechsel.

Storch Variation I (3). Linken Fuß auf rechten Oberschenkel legen – der linke Arm umschlingt die Hüfte und faßt den linken Fuß – die rechte Hand weist mit Zeigefinger und Daumen zum Nabel. Beinwechsel.

Baum, *Vrkasana* (4). Fußsohle auf die Innenseite des Oberschenkels legen – Hände liegen am Hinterkopf, Finger ineinander, Brustkorb ist vorgewölbt. Beinwechsel.

Adler, *Garudasana*, (5) Aufrecht stehen und ein wenig in die Knie gehen – Beine und Arme umschlingen einander, die Handflächen berühren einander. Beinwechsel.

Halbmond, *Ardha Chandrasana* (6). Aufrecht stehen. Arme vor der Brust falten, Beine sind geschlossen. Den Oberkörper mit nach oben gestreckten Armen nach hinten dehnen.

1

2

3

4

5

6

■ Kniekuß, *Padahastasana* (1). Aufrecht stehen, Arme nach oben strecken. Im Halbkreis nach vorn beugen, die Hände fassen die Knöchel oder ruhen am Boden. Die Stirn zu den Knien ziehen. Der Oberkörper ruht auf den Oberschenkeln. ■

■ Fuß-Zehenstellung, *Padangusthasana* (2). Ausgangsstellung wie Kniekuß. Oberkörper gestreckt nach vorn richten, die Finger fassen die Zehen, Blick nach vorn. ■

■ Tänzer, *Natarajasana* (3). Der rechte Arm faßt den Fuß des abgewinkelten rechten Beins und drückt die Ferse zum Gesäß, die Handfläche des linken gestreckten Arms weist nach oben, Brustkorb nach vorn wölben. Beinwechsel. ■

■ Heldenstellung, *Virabhadrasana* (4). Großer Ausfallschritt nach vorn, Arme, Blick und Oberkörper sind nach oben gerichtet. Beinwechsel. ■

90

1   2

3   4

1

2

SITZPOSITIONEN

Die inneren Bauchorgane und der Darm werden angeregt, die Rückenmarksnerven (Spinalnerven) stärker durchblutet und die Wirbelsäule gekräftigt.

Zehenspitzenstellung, *Utkasana* (1). Sie sitzen in der Hocke, beide Ellbogen auf den Knien, das Kinn ist auf die Handaußenflächen gestützt, die großen Zehen berühren sich.

Gebundener Diamantsitz, *Virasana* (2). Fersensitz; Arme rückwärts überkreuzen, Zehen fassen, Kinn senken.

Krieger, *Gomukhasana* (3). Knie überkreuzen, zwischen den Fersen sitzen. Hinter dem Rücken die Hände erfassen. Bein- und Handwechsel.

Taube, *Kapotasana* (4). Sie stehen leicht gegrätscht, Knie leicht gebeugt, die Hände umfassen von innen die Knöchel, der Blick ist nach vorn gerichtet, das Gesäß ist gesenkt.

3

4

■Pfeil und Bogen, *Akama Dhanu-rasana* (1). Aufrecht sitzen, beide Beine nach vorn gestreckt. Die rechte Hand faßt den rechten gestreckten Fuß – die linke Hand zieht den linken Fuß zum linken Ohr. Beinwechsel. ■

■Bergstellung, *Krounchasana* (2). Beide Hände fassen den Knöchel und ziehen das gestreckte Bein nach oben. Das andere Bein bleibt gestreckt am Boden liegen. Beinwechsel. ■

■Stellung des Weisen, *Marichyasana* (3). Das rechte Bein auf die rechte Schulter legen, der rechte Arm umschlingt den rechten Oberschenkel und faßt hinter dem Rücken die linke Hand. Der Oberkörper ist aufgerichtet. Beinwechsel. ■

■Gestreckte Taube, *Rajakapotasana* (4). Aufrecht sitzen, das vordere Bein ist angezogen, das andere nach hinten gestreckt. Die eine Hand auf das vordere Knie stützen und die andere auf die Kniekehle oder die Wade des nach hinten gerichteten Beins legen. Brustkorb nach vorn wölben, der Blick ist nach vorn gerichtet. Beinwechsel. ■

92

1

2

3

4

5

6

Halbe Zange, *Janu Sirsasana* (5). Ein Bein ausstrecken, das andere überkreuzen und anwinkeln. Beide Hände umfassen die Wade oder den Knöchel des gestreckten Beins. Wirbelsäule vorbeugen, Blick nach vorn. Beinwechsel.

Vogelposition, *Khanjanasana* (6). Im aufgerichteten, geöffneten Fersensitz beide Hände von innen auf die Fußsohle legen, Oberkörper aufrichten, Blick nach vorn.

Dreiecksitz, *Padatrikonasana* (7). Setzen Sie sich zwischen die Fersen, Oberkörper aufgerichtet, Blick nach vorn. Den Daumen der linken Hand zum Unterarm drücken. Armwechsel.

Halber Drehsitz, *Ardha Matsyendrasana* (8). Seitensitz nach rechts, linken Fuß neben das rechte Knie stellen, den linken Arm hinter dem Rücken aufstützen, der rechte Arm erfaßt als Hebel über dem linken Knie den linken Fuß. Beinwechsel. Die Übung wirkt gegen Wirbelsäulen- und Bandscheibenbeschwerden. Leber, Milz und Bauchspeicheldrüse werden angeregt und stärker durchblutet.

93

7

8

■ <u>Gleichgewichtsposition</u> (1). Im Hocksitz das linke Bein nach vorn strecken. Arme in Schulterhöhe anwinkeln, Handinnenflächen aufeinander legen. Beinwechsel. ■

■ <u>Lotus-Zehenspitzenstand</u>, *Padangusthanasana* (2). In der Hockstellung den linken Fuß in die rechte Oberschenkelbeuge legen, die rechte Ferse liegt zwischen dem Darmbereich. Beide Arme seitlich nach oben strecken. Beinwechsel. ■

UMKEHRSTELLUNG

■ <u>Kopfstand</u>, *Shirshasana*. Der Kopfstand gilt im Yoga als König der Körperstellungen und hat ganzheitlich eine günstige Wirkung auf den Organismus: er entlastet den Kreislauf und die Herztätigkeit, verbessert Gehirn- und Organdurchblutung, wirkt gegen Verstopfung, Venenentzündung, Konzentrationsschwäche und Haarausfall.

(3) Hinknien, Finger ineinander legen, und Arme verschränken. Unterarme zu einem gleichseitigen Dreieck öffnen, Hinterkopf in die gefalteten Hände legen. Haaransatz oder die obere Stirn auf den Boden aufsetzen. Beine durchstrecken, möglichst nahe zum Kopf herangehen – die Wirbelsäule schiebt sich nach vorn bis sie eine Senkrechte bildet.

(4) Langsam das eine und dann das andere Knie anwinkeln und mit Hilfe der Bauchmuskeln hochheben, Knie bleiben angewinkelt, Füße zum Gesäß heben.

94

1

2

3

4

(5) Beine vorsichtig aufrichten und nach oben durchstrecken, Zehenspitzen nach oben. Das Körpergewicht ruht auf Ellbogen, Stirnansatz und Händen.

Den Kopfstand in umgekehrter Reihenfolge Schritt für Schritt lösen, anschließend mit der Stirn am Boden aufliegend für vier Minuten entspannen. Probieren Sie den Kopfstand zuerst zur Wand, oder lassen Sie sich von Ihrem Partner helfen, bevor Sie ihn frei üben. ▪

LIEGEPOSITIONEN

Durch die folgenden *Asanas* wird die Adrenalinausschüttung stabilisiert und dadurch Nervosität und Streßreaktion gemindert. Sie helfen bei Menstruationsbeschwerden und regen über die Keimdrüsen das männliche Geschlechtshormon Testosteron in den Hoden an. Die Kraft der Sexualität wird gesteigert. Die ruhige Atmung durchlüftet die Lunge und kräftigt das Herz.

▪ <u>Kerze</u>, *Salamba Sarvangasana* (6). Auf dem Rücken liegen, beide Hände in den Hüften, Beine hoch zur Kerze drücken, Kinn zum Brustbein pressen.

Organische Auswirkungen: Bessere venöse Blutzirkulation, besonders in den Beinen und im Unterleib. Entlastung und Entspannung der Bauchorgane, Stabilisierung der Nierentätigkeit, gegen Magen und Darmentzündungen, Heilung von Hämorrhoiden und Venenerkrankungen, Anregung der Schild- und Thymusdrüse, Kräftigung des Gesäßes, der Rücken- und der Bauchmuskulatur. ▪

▪ <u>Pflug</u>, *Halasana* (7). Sie liegen am Boden, Arme gestreckt neben dem Körper. Nun beide Beine gestreckt anheben und im Halbkreis hinter dem Kopf zu Boden senken. Zehen dabei durchstrecken, Kinn zum Brustbein drücken, Finger ineinander legen, Arme liegen auf dem Boden.

Organische Auswirkungen: Kreislauf, Schilddrüse, Milz und Sexualdrüsen werden angeregt, die Durchblutung der Bauchorgane gestärkt, Bauchmuskeln, Gewebe gestrafft, und die Entspannung der Rückenmuskulatur, des Nackens und der Wirbelsäule begünstigt. ▪

5

6   7

■ Kerze im Lotus (2, Sie). (Dafür müssen Sie den Lotussitz beherrschen).

In der Kerze mit der linken Hand den rechten Fuß auf den linken Oberschenkel, mit der rechten Hand den linken Fuß auf den rechten Oberschenkel legen. Beide Arme nach unten gestreckt auf den Boden legen, Finger ineinander. ■

■ Halbe Brücke im Lotus (1, Er). Ausgangsstellung Kerze im Lotus, beide Ellbögen mit den Händen in den Hüften am Boden aufstützen – Hüfte und Gesäß nach vorn senken bis sich beide Oberschenkel parallel zum Boden befinden. ■

■ Halbe Brücke, *Eka Pada Uttana* (3). Am Boden liegend, Ellbogen und Hände stützen das gehobene Becken, die Beine sind nach vorn gestreckt – Bauchatmung.
Organische Auswirkungen: Anregung und Stabilisierung der Nebennierendrüsen, stärkere Durchblutung der Nieren. ■

■ Gestreckter Fisch, *Matsyasana* (4). Auf beide Ellbogen gestützt den Nacken nach hinten beugen, so daß der Scheitel den Boden berührt, Brustkorb nach oben wölben, Arme gestreckt auf die Oberschenkel legen.
Organische Auswirkungen: Stärkung der Rückenmuskulatur durch erhöhte Blutzufuhr. Gute Auswirkungen auf Rückenmark und Nervensystem. Erhöhung der Lungenkapazität, bessere Durchblutung des Kleinhirns. ■

96

1

2

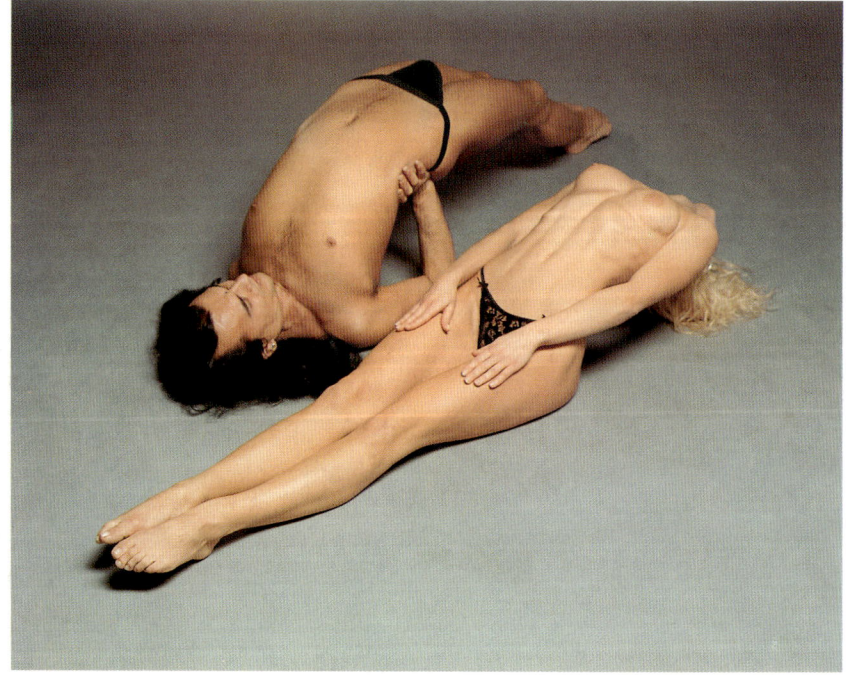

3

4

5

6

7

8

Zange, *Paschimottanasana* (5). Aufrechter Sitz, Beine vorgestreckt; die Wirbelsäule und beide Arme nach vorn strecken, Knöchel erfassen, Oberkörper und Stirn liegen auf den Beinen.
Organische Auswirkungen: Anregung des Darms, verbesserte Blutzirkulation in den Bauchorganen und im Gehirn, Kräftigung der Eingeweide, Regulierung der Verdauung, Verbesserung der Lymphzirkulation, wirkt auch gegen Appetitlosigkeit, Magenschleimhautentzündung und Verstopfung. ■

Schildkröte, *Kurmasana*, Variation I (6). Gegrätscht sitzen, Beine leicht angewinkelt nach vorn beugen, Ellbogen aufstützen; Fäuste stützen das Kinn. ■

Spirale, *Jana Sirasana* (7). Seitlich setzen, das linke Bein nicht ganz durchgestreckt, das rechte Bein angewinkelt. Den linken Ellbogen vor dem linken Bein auflegen, die Hand erfaßt den Fuß, Körper drehen, die andere Hand greift ebenfalls zum Fuß, Bein durchstrecken, Flankenatmung. Beinwechsel. ■

Schildkröte, *Kurmasana*, Variation II (8). Aufrecht sitzen, Beine gegrätscht; beide Beine leicht anziehen, Oberkörper nach vorn dehnen und die Arme durch die Kniekehlen nach hinten strecken. Beide Beine seitlich nach vorn strecken, mit der Stirn den Boden berühren. ■

■Kamel, *Ustrasana* (1). Kniestand, Hände auf die Fußsohlen legen, der Kopf hängt nach hinten, Brustkorb nach oben wölben. ■

■ Gleichseitige Vierfußposition (2). Gestützt auf das rechteKnie und den Unterarm, faßt die linke Hand den linken Fuß und zieht das Bein hoch, Wirbelsäule durchgebogen, Blick nach vorn gerichtet. Beinwechsel. ■

■Bogen, *Dhanurasana* (3). Bauchlage. Die Hände erfassen die Knöchel, die Knie sind geschlossen. Oberkörper und Kopf aufrichten.
Organische Auswirkungen: Die Übung stärkt das Becken und die Rückenmuskulatur gegen Hexenschuß, hilft Verdauungsstörungen beheben, regt die Leberfunktion an, stärkt die Durchblutung der Zentren des Nervensystems, sorgt für eine erheblich verbesserte arterielle Durchblutung und den Abbau der Fettpolster im Hüftbereich. ■

■Fuß-Schulterposition, *Eka Pada Sirsasana* (4, Sie). Aufrecht sitzen, das linke Bein auf die linke Schulter, das rechte Bein auf die rechte Schulter heben, vorn auf beide Hände aufstützen – Beine nach oben durchstrecken. ■

98

1

2

3

4

5   6

7   8

Hürdensitz (5). Beide Kniegelenke in die gleiche Richtung im 90-Grad-Winkel beugen, Hände ruhen auf den Knien, Becken und Brustkorb nach vorn drücken. Beinwechsel.

Der Erzeuger, *Kasyapasana* (6). Aufrecht sitzen, Beine geschlossen nach vorn gestreckt – auf den linken Arm stützen, den Körper durchgestreckt seitlich hochdrücken, den rechten Arm gestreckt seitlich auf den Oberschenkel legen, Blick nach vorn. Beinwechsel.

Fuß-Fußposition, *Vamadevasana* (7). Setzen Sie sich zwischen die angewinkelten Beine (Hürdensitz), beide Füße fassen und zueinander drücken, nach hinten blicken. Beinwechsel.

Statue, *Asa Asana* (8). Ausgangsstellung wie Hürdensitz. Blick nach vorn, seitlich aufstützen – das rückwärtige Bein durchstrecken, mit der anderen Hand den Fuß fassen und zur Achselhöhle dehnen, das Knie fassen, den Oberkörper und das Becken nach vorn drücken. Beinwechsel.

KUNST UND RITUALE

■ Sphinx (1, Er). Bauchlage, Oberkörper auf den Ellbogen aufstützen, beide Beine sind gestreckt, Blick nach vorn, Brustkorb nach vorn gedrückt. ■

■ Kobra, *Bhujangasana* (2, Sie). Legen Sie sich auf den Bauch, die Stirn berührt den Boden, die Hände sind seitlich in Höhe der Schultern aufgestützt. Nacken und Oberkörper Wirbel um Wirbel heben und nach hinten dehnen. Blick nach oben, Brustkorb nach vorn gewölbt.
Organische Ausirkungen: Die Übung wirkt gegen Bandscheibenbeschwerden, Asthma, Rheuma, Prostataleiden, Menstruationsbeschwerden, Störungen im Uterus und in den Eierstöcken, sowie gegen Blähungen und Ischias. ■

■ Boot, *Paripurna Novasana*, Variation I (3). Beine nach vorn gestreckt, aufrecht sitzen. Beine gestreckt anheben, beide Arme in Schulterhöhe nach vorn gestreckt – Blick nach vorn. ■

■ Pfau im Lotus, *Padma Mayurasana* (4). Aufrecht sitzen, den rechten Fuß auf den linken Oberschenkel, den linken Fuß auf den rechten Oberschenkel legen, im Lotus aufrichten. Beide Hände vor dem Körper aufstützen, Ellbogen in den Nabelbereich drücken, Oberkörper auf die Oberarme legen, Gewicht nach vorn verlagern, so daß die Knie den Boden nicht mehr berühren. Blick nach vorn. ■

1

2

3

4

■Kröte, *Malasana* (5). In die Hocke gehen, beide Füße sind am Boden – Unterarme zwischen den Knien auf den Boden legen. Die Wirbelsäule nach vorn durchstrecken. ■

■Boot Variation II (6). Aufrecht sitzen, beide Knie leicht anwinkeln; Knöchel fassen und beide Beine nach oben durchstrecken. Die Stirn berührt die Knie. ■

■ Totenstellung (7). Auf dem Rücken liegen und für zehn Minuten entspannen. ■

5   6

7

Verspannungen, die auf die Dauer zu Kraftverlust und Erkrankungen führen, können durch wiederholtes, regelmäßiges Üben gelöst werden.
Haltung, Gang, ja eigentlich die Gesamterscheinung werden ästhetischer und ausgeglichener. Durch das Üben der *Asanas* gewinnen Sie eine größere Beweglichkeit, die für die folgenden Übungen

KUNST UND RITUALE

Vom Ich zum Du

Um das Wesen des Tantra zu erfassen, ist es nötig, tiefer in die Praxis des Tantra-Yoga einzudringen; im Mittelpunkt des Tantra stehen Mann und Frau, der Mensch als Teil einer Partnerschaft, sein Weg vom Ich zum Du.

Der Körper, die Seele und der Geist bilden daher eine Einheit. *»Identifikation und Verinnerlichung«* bilden nach der *Reinigung und Heilung* den zweiten Schritt auf diesem Weg.

IDENTIFIKATION UND VERINNERLICHUNG

Die Kraft dafür gibt der Atem, denn Atem ist Leben. Diese Übungen bezeichnet man als *Pranayama* (Atemdehnung).

Die Bedeutung des Atems wird einem erst dann bewußt, wenn man, symbolisch betrachtet, »keine Luft mehr hat«. Man fühlt sich ausgelaugt, schwach und überreizt. Die Atmung ist unmerklich, hastig und flach, alles engt einen ein, man verspürt einen Druck in der

Im Mittelpunkt des Tantra stehen Mann und Frau, der Mensch als Teil einer Partnerschaft, sein Weg vom Ich zum Du.

Kehle, der Brustkorb ist wie eingeschnürt und die Verbindung zwischen Zwerchfell und Bauch ist unterbrochen. Diese Art der Atmung verhindert die Sauerstoffanreicherung des Blutes und der Körper- und Gehirnzellen, sowie den notwendigen Kohlendioxydaustausch. Das vegetative Nervensystem reagiert darauf mit niedrigem oder erhöhtem Blutdruck, Schwindelgefühl, Schweißausbrüchen, Herzjagen und plötzlichen Emotionsschwankungen.

Es wird einem ganz einfach »alles zu viel«, und man glaubt, daran zu ersticken. Atmet man für einen Moment tief ein und aus, so fühlt man sich erleichtert.

Schließen Sie für ein paar Sekunden beide Augen und beobachten Sie, wie Ihr Atem ein- und ausströmt. Blähen Sie die Nasenflügel dabei ein wenig auf und riechen Sie die eingeatmete Luft. Erleben Sie die kurze Pause nach der Ein- und Ausatmung.

Vielleicht stellen Sie fest, wie kurz und hastig Sie atmen. Atmen Sie daher gedehnt, ziehen Sie die Ein- und Ausatmung in die Länge: Innere Ruhe und Stille werden diesen rhythmischen Atemwechsel begleiten. Das *Pranayama* wird deshalb mit »den Atem in die Länge dehnen« übersetzt.

Atmen Sie bei den folgenden Atemübungen durch die Nase. Die Schleimhäute in den Nasengängen erwärmen die einströmende Frischluft, feine Härchen filtern Staubpartikelchen heraus.

Gemeinsames Atmen

Atemwiege (1)

Setzen Sie sich einander im Fersensitz gegenüber und legen Sie die Handflächen aufeinander. Atmen Sie nun tief und gedehnt ein und spüren Sie beim kurzen Atemanhalten die Kraft und die Vitalität, die Sie durchströmt. Bei der gedehnten Ausatmung geben Sie die Energie weiter, indem Ihre Hände einen leichten Druck auf die Hände Ihres Partners ausüben. Während Sie ausatmen, atmet nun Ihr Partner diese Energie tief und gedehnt ein. Nach kurzem Anhalten, gibt er diese in der gedehnten Ausatmung an Sie weiter. Fahren Sie einige Minuten mit der Atemwiege fort und genießen Sie beide das Wechselspiel des Gebens und Nehmens.

Atmen ist nicht langweilig, sondern kann zu einer schönen Erfahrung werden.

Wird man geboren, so beginnt man zu atmen. Die Atmung begleitet uns ein ganzes Leben lang – bis zu dessen Ende.

1 Atemwiege

Als Kleinkind haben wir tief in den Bauch und den Brustkorb eingeatmet. Mit welcher Kraft schreit ein kleines Kind und wie schwach wirkt im Vergleich dazu das Aufbegehren eines alten Menschen.

Pranayama führt uns zu dieser Lebenskraft zurück. Die Lebenskraft, *Prana*, regt als pulsierend vitale Schwingung über die Atmung den Stoffwechsel an und verbessert das Allgemeinempfinden.

Prana wirkt auch im Tiefschlaf und steuert über das vegetative Nervensystem die Atmung, die Herztätigkeit, den Kreislauf und die Wach-, Traum- und Tiefschlafphasen.

Als Energiestrom aktiviert es die inneren Organe und Drüsen. Es lädt jede Körper- und Nervenzelle auf und löst über die sensorischen Reize Fühlen und Denken aus.

Prana regt die Lust zur Sexualität an.

Beobachtet man die Atmung, so kann man die Bewegung des *Prana* spüren.

Ist die Atmung tief und stark, fließt auch das *Prana* rhythmisch und harmonisch, was auf die Dauer zu vermehrter Lebensenergie führt.

Im *Pranayama* lernt man

a. das *Prana*, die Lebenskraft zu erfahren und zu beherrschen,

b. diese als Heilkraft einzusetzen – und

c. die magische Spiral- oder Schlangenkraft zu aktivieren.

Pranayama kann nur in einer der vier beschriebenen Sitzpositionen effektiv geübt werden.

Die vier Sitzpositionen zu Meditation und *Pranayama*

– Vollkommener Sitz oder
  Siddhasana
– leichter Sitz oder *Sukhasana*
– Wurzelposition oder
  Mulabhandasana
– Lotussitz oder *Padmasana*.

Nehmen Sie ein kleines Polster oder Kissen zu Hilfe, um die Sitzpositionen leichter zu erlernen.

▆ Vollkommener Sitz, *Siddhasana* (2).

Sitzen Sie aufrecht in der oben beschriebenen Haltung. Klemmen Sie die Zehen des rechten Fußes zwischen dem unteren Ende des Oberschenkels und der Wade in die Kniekehle und drücken Sie die Ferse zum Genitalbereich. Nun fassen Sie das andere Bein, pressen

2 Vollkommener Sitz

Leichter Sitz 3

die Ferse zum Damm und klemmen den Fuß in die andere Kniekehle. Auf diese Weise werden die Geschlechtsdrüsen angeregt. ■

■ Leichter Sitz, *Sukhasana* (Abb. 3, Seite 105). Sitzen Sie aufrecht, fassen Sie den linken Fuß und drücken Sie die Ferse fest zum Damm (= die Stelle zwischen Scham- und Steißbein).
Legen Sie das andere Bein und den Fuß bei. Drücken Sie nun das Becken und den Brustkorb nach vorn. Entspannen Sie beide Schultern, strecken Sie den Nacken durch und ziehen Sie das Kinn ein wenig an. Lider und Stirn sind entspannt und die Zungenspitze berührt zart den oberen Gaumen. Dieser Sitz bewirkt die Entspannung der Beckenbodenmuskulatur. ■

■ Wurzelposition, *Mulabhandasana* (4).
Sitzen Sie aufrecht, fassen Sie den linken Fuß und setzen Sie ihn senkrecht auf die Zehen, nah am Körper vor sich auf. Das gleiche machen Sie nun mit dem rechten Fuß. Drücken Sie die Fußsohlen behutsam gegeneinander und die Knie zum Boden.
Diese Stellung aktiviert das *Prana* am intensivsten, ist aber auch die schwierigste Sitzposition. ■

■ Lotussitz, *Padmasana* (5).
Sitzen Sie aufrecht und legen Sie den rechten Fuß behutsam auf den linken Oberschenkel und den linken Fuß auf den rechten Oberschenkel. Beide Fersen berühren sich beinahe beim Nabel.

4 Wurzelposition   Lotussitz 5

Die inneren Bauchorgane und das Gehirn werden stärker durchblutet, dadurch werden Unterbewußtsein und Bewußtsein aktiviert. ■

Beginnen Sie *Pranayama* mit dem leichten Sitz, denn Sie sollten in dieser Position zehn bis fünfzehn Minuten ruhig verharren können. Erst wenn Sie dies mühelos beherrschen, versuchen Sie den *Siddhasana* und *Padmasana*.
Die Abbildungen zeigen auch verschiedene Handhaltungen, ich werde im letzten Kapitel (siehe Seite 147) darauf eingehen.
Sollten Sie an hohem oder niedrigem Blutdruck, an Herzbeschwerden oder Asthma leiden, beginnen Sie behutsam mit kurzem Atemanhalten. Lassen Sie die Atem-

übungen bei Kopfschmerz, Fieber oder Übelkeit aus. Prüfen Sie während der Übungen Ihren Puls. Messen Sie mehr als hundert Schläge in der Minute, so entspannen Sie sich, auf dem Rücken liegend für einige Minuten und fahren dann erst mit dem Üben fort. Achten Sie darauf, daß die Blase und der Darm entleert sind und wenden Sie vor dem *Pranayama* die Reinigungsübungen an. Vor den Übungen sollten Sie vier Stunden nichts essen. Lüften Sie den Raum und beginnen Sie am besten in der Früh, gemeinsam mit Ihrem Partner, mit folgenden Atemübungen.

PRANA, DIE LEBENSKRAFT

Dreiphasenatmung

Diese Art der Atmung bildet den Grundstock für die weiteren Atemübungen. Schließen Sie die Augen und atmen Sie tief ein. Sie werden feststellen, daß Ihr Bauch, der Brustkorb und die Wirbelsäule aus der Regungslosigkeit erwachen und »mitleben« werden. Die Atmung geschieht zwar über den Impuls vom Gehirn an die Nerven, atmet man jedoch bewußt, so schwingt aus der Tiefe der gesamte Organismus mit. Über die tiefe Einatmung aktiviert man das bis jetzt kaum wahrgenommene Zwerchfell und die Interkostalmuskeln des Brustkorbs zwischen den Rippen. Damit erweckt man die gesamten Atemmuskulatur des Rumpfes, der Wirbelsäule und des Rückens bis zum Hals und dem Nacken. Dadurch kann das normale Atemvolumen von 500 Kubikzentimetern Luft auf das Sechsfache gesteigert und die Lunge bis zur Lungenspitze aufgefüllt werden.

Durch diese Sauerstoffzufuhr erfahren wir einen emotionalen Kraftzuwachs; das mit Sauerstoff angereicherte Blut durchströmt unseren Organismus, und es werden alle Gehirnzellen aufgeladen.

6 Bauchatmung

1 *Flankenatmung*

Da nur ein Teil unseres Gehirns ständig arbeitet, werden nun auch ruhende Teile im Gehirn über die Hirnrinde aktiviert. Es ist, als ob jemand, der bis jetzt scheintot war oder schlief, nun zum Leben erwache.

Nehmen Sie eine Sitzposition ein und legen Sie die Hände aufs Knie.
Erste Phase (Abb. 3, Seite 107): Ihr Partner drückt eine Hand unterhalb des Nabels auf Ihren Bauch.
Atmen Sie nun ein Drittel ihres Atemvolumens durch die Nase in den Bauch ein und fühlen Sie, wie sich der Bauch ein wenig hebt. Erzeugen Sie nun einen Gegendruck an der Stelle, an der Ihr Partner drückt. So sind Sie in Kontakt mit Ihrem Zwerchfell, das die unteren Bauchorgane massiert.

Zweite Phase (1): Atmen Sie nun das zweite Drittel ihres Atemvolumens seitlich neben dem Brustkorb in die Flanken; währenddessen drückt Ihr Partner beide Hände auf die oberen Flanken. Sie spüren nun beide, wie sich die Flanken seitlich nach außen bewegen.

Dritte Phase (2): Lenken Sie nun ihre Aufmerksamkeit auf Brustkorb und Nacken. Ihr Partner

2 Brustkorbatmung

legt die eine Hand auf Ihren Rücken und die andere auf den Brustkorb. Atmen Sie nun das letzte Drittel in den Brustkorb bis hoch zu den Schlüsselbeinen. Ihr Brustkorb wölbt sich dabei wie ein Ballon nach vorn, und Ihre Wirbelsäule streckt sich vom unteren Steißbein bis zum Nacken, wobei beide Schultern entspannt sind. Hat Ihr Partner diese Dreiphasenatmung über den Bauch, die Flanken und den Brustkorb gespürt, so beherrschen Sie sie nun.

Nach der Einatmung atmen Sie ruhig durch die Nase aus. In der gedehnten Ausatmung drückt das Zwerchfell nach oben und massiert das Herz.

Spüren Sie, wie sich alle inneren Spannungen und Belastungen lösen, und die Energie *Prana* in der Wirbelsäule von unten nach oben zum Kopfinneren strömt. – Partnerwechsel.

Wenn Sie diese Übung beherrschen, hilft Ihnen die Dreiphasenatmung durch die Identifikation und Verinnerlichung wichtige Entscheidungen zu treffen und langersehnte Wünsche zu erkennen. Der Atem und die damit aufgenommene Energie *Prana* werden als treibende Kraft dafür eingesetzt.

Wunschrealisierung durch die Atmung

Atmen Sie bei der Dreiphasenatmung fließend ein und nehmen Sie dabei soviel Energie *Prana* wie möglich auf. Dadurch können langersehnte Wünsche bewußt gemacht oder richtige Entscheidungen gefällt werden.

Identifizieren Sie sich mit diesen Wünschen und Entscheidungen und verinnerlichen Sie diese beim Anhalten des Atems. Spüren Sie, wie das eingeatmete *Prana* im Atemanhalten den Wunsch nach Verwirklichung stärkt und Sie durchströmt. Verwenden Sie ihre gesamte Konzentration dafür. Atmen Sie nun ruhig und gedehnt aus und spüren Sie, wie die intensive Vorstellung vom Bauch nach oben über das Kopfinnere nach außen strahlt.

Die Verwirklichung Ihrer Wünsche rückt näher, wenn Sie nur fest davon überzeugt sind. Wenden Sie diese Technik der Imagination nicht zur negativen Fremdbeeinflussung an, sonst verlieren Sie die Kraft zur positiven Selbstbeeinflussung.

Wechselatmung

Der Mensch atmet in verschiedenen Zeitabständen entweder durch das rechte oder das linke Nasenloch und nimmt Sauerstoff als Lebensenergie auf.

Die Atmung wird dabei in vier Phasen gegliedert: das Einatmen *Puraka*, das Atemanhalten *Kumbhaka*, das Ausatmen *Rechaka* und das Verweilen ohne Atem *Kevala-Kumbhaka*.

Bei der Einatmung nimmt man etwa 21 Prozent Sauerstoff auf. Die Frischluft fließt über die Nasengänge in die Luftröhre, die sich in zwei Hauptstränge, die Bronchien, teilt.

Dann strömt die Frischluft in die feinen Verästelungen des Bronchialbaumes (1), [a=Kehlkopf, b=Luftröhre, c=Lungenspitze, d= Bronchien, e=Bronchienast, f=Lungenfell, g=Lungenlappen, h=Lungenbasis] der sich in den beiden Lungenflügeln befindet. Über die Lungenbläschen (Alveolen) strömt die Frischluft in die Blutbahn. Jede Zelle stößt Kohlendioxyd ab, und bliebe es in der Blutbahn, würde es den ganzen Körper vergiften.

Die Hauptaufgabe der Atmung besteht darin, abgestoßenes Kohlendioxyd mit dem verbliebenen Sauerstoff zu binden und auszuatmen. Deshalb hält man beim *Pranayama* den Atem an und dehnt die Ein- und Ausatmung in die Länge.

Ab dem 26. Lebensjahr werden absterbende Zellen teilweise nicht mehr neu gebildet und damit beginnt der Alterungsprozeß. Durch die Wechselatmung verhindert man das rasche Absterben der Körper- und Gehirnzellen.

Bei der Ausatmung gibt man ein Gemisch aus 12 Prozent Sauerstoff und giftigem Kohlendioxyd über die Lunge ab.

Verlängert man nun die Verweilphase nach dem Ausatmen, so fühlt man tiefe Entspannung.

Richtiges Atmen wirkt sich positiv auf das vegetative Nervensystem aus, auf die Dauer führt es zu einem kraftvollen, ruhigen, ausgeglichenen Gemütszustand. Die Zellaufladung, die durch gute Atmung begünstigt wird, verhilft dem Menschen, jung und gesund bis ins hohe Alter zu bleiben.

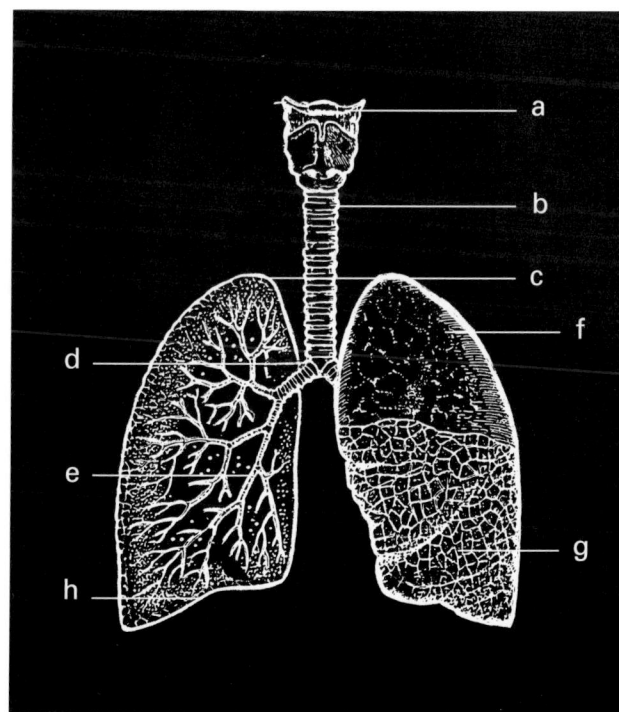

1 Bronchialbaum

Im Tantra-Yoga stellt man sich zwei Hauptkanäle, die *Nadis*, vor. Sie liegen in der Wirbelsäule neben dem *centralis canalis Sushumna*, dem dritten Hauptkanal (Abb. 1, Seite 112).

Die weibliche Mondenergie *Ida* fließt über das linke Nasenloch zur rechten Gehirnhälfte. Als lunarer, kühler Atem aktiviert sie die kreativen Fähigkeiten und Gefühle zur Philosophie und Mystik.

Als Symbol der inneren Frau wirkt sie anziehend aber auch verzögernd. Dieser Hauptkanal stellt die Verbindung zwischen der rechten Gehirnhälfte und der linken Körperhälfte her.

Die männliche Sonnenenergie *Pingala* fließt über das rechte Nasenloch zur linken Gehirnhälfte. Als solarer, heißer Atem aktiviert sie die logischen rationalen Fähigkeiten und Gefühle. Als Symbol des inneren Mannes wirkt sie aktivierend. Dieser Hauptkanal stellt die Verbindung zwischen der linken Gehirnhälfte und der rechten Körperhälfte her.

Die beiden Hauptnadis entsprechen aber auch dem rechten und linken Nervenstrang des nervus sympatikus. Er wirkt anregend und ist mit dem Parasympathikus, der dämpfend wirkt, durch Fäden verbunden. Beide bewirken das automatische Funktionieren des Herz-Lungen-Kreislaufsystems und bestimmen, wie man Emotionen aufnimmt. Beide Hauptkanäle führen aber auch über die Gehirnhälften zu den Geschlechtsdrüsen und den Geschlechtsorganen (siehe Abb. 1, Seite 112).

Durch die Wechselatmung im *Pranayama, Nadi Shodhana Pranayama*, verändert sich das genitalfixierte Lustempfinden durch das bewußte geistige Erleben zu einer körperlich-seelischen Ganzheiterfahrung. Es werden aber auch beide Gehirnhälften aktiviert und so logisch rationale Überlegungen und kreative in-

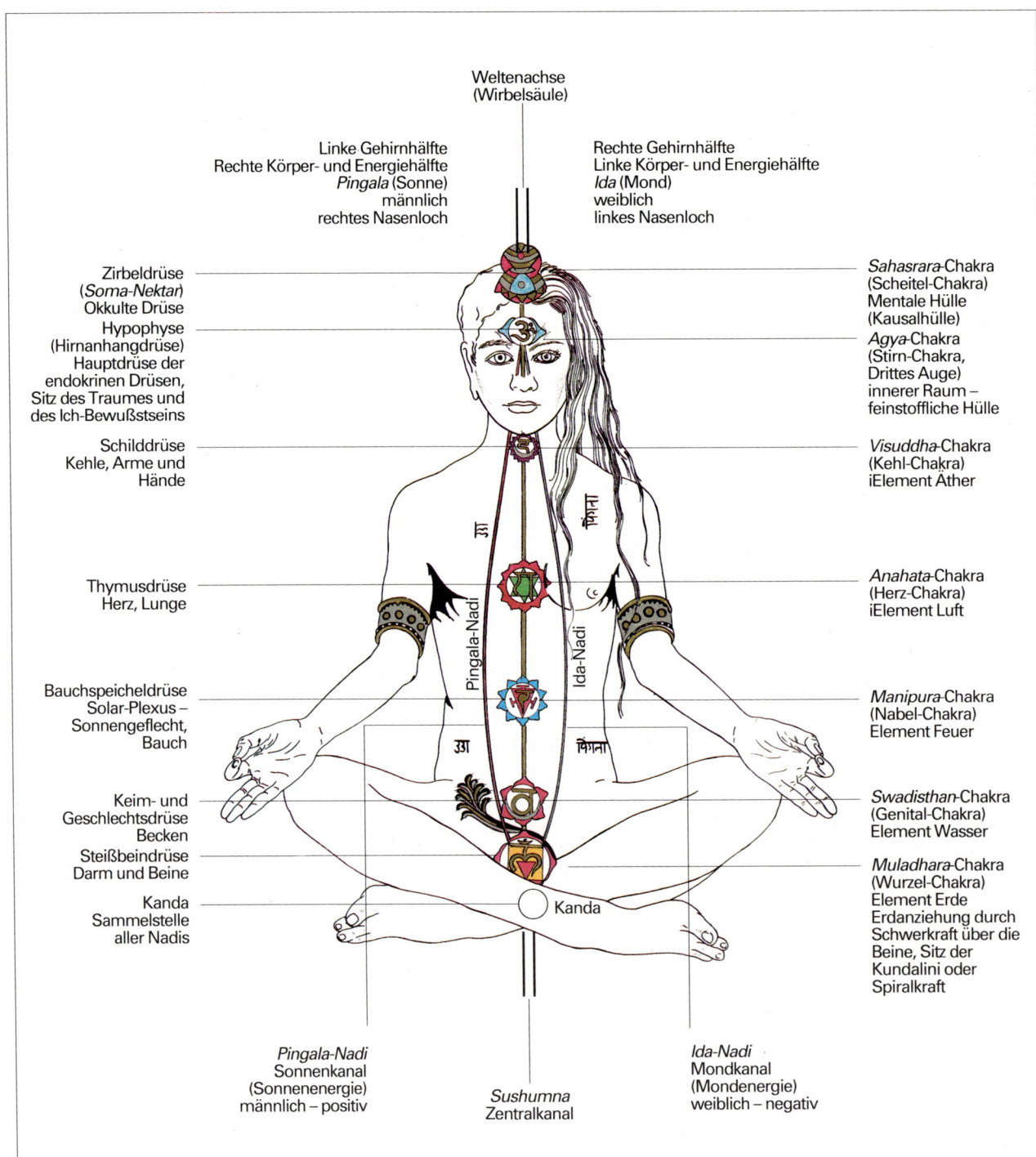

Weltenachse
(Wirbelsäule)

Linke Gehirnhälfte
Rechte Körper- und Energiehälfte
Pingala (Sonne)
männlich
rechtes Nasenloch

Rechte Gehirnhälfte
Linke Körper- und Energiehälfte
Ida (Mond)
weiblich
linkes Nasenloch

Zirbeldrüse
(*Soma-Nektar*)
Okkulte Drüse

Hypophyse
(Hirnanhangdrüse)
Hauptdrüse der
endokrinen Drüsen,
Sitz des Traumes und
des Ich-Bewußtseins

Schilddrüse
Kehle, Arme und
Hände

Thymusdrüse
Herz, Lunge

Bauchspeicheldrüse
Solar-Plexus –
Sonnengeflecht,
Bauch

Keim- und
Geschlechtsdrüse
Becken

Steißbeindrüse
Darm und Beine

Kanda
Sammelstelle
aller Nadis

Pingala-Nadi

Ida-Nadi

Kanda

Sahasrara-Chakra
(Scheitel-Chakra)
Mentale Hülle
(Kausalhülle)

Agya-Chakra
(Stirn-Chakra,
Drittes Auge)
innerer Raum –
feinstoffliche Hülle

Visuddha-Chakra
(Kehl-Chakra)
iElement Äther

Anahata-Chakra
(Herz-Chakra)
iElement Luft

Manipura-Chakra
(Nabel-Chakra)
Element Feuer

Swadisthan-Chakra
(Genital-Chakra)
Element Wasser

Muladhara-Chakra
(Wurzel-Chakra)
Element Erde
Erdanziehung durch
Schwerkraft über die
Beine, Sitz der
Kundalini oder
Spiralkraft

Pingala-Nadi
Sonnenkanal
(Sonnenenergie)
männlich – positiv

Sushumna
Zentralkanal

Ida-Nadi
Mondkanal
(Mondenergie)
weiblich – negativ

1 Der Feinkörper mit seinen Hauptchakren

tuitive Fähigkeiten vereint, Gefühlsschwankungen durch die Harmonisierung des Nervensystems ausgeglichen. Die Ausgewogenheit der solar-lunaren Energie führt im Tantra symbolisch zur Entdeckung der inneren Frau im Mann und des inneren Mannes in der Frau. Geschlechtstrennende Vorurteile, sowie die einseitige Neigung oder Tendenz zum Passiv- oder Aktivsein wird durch die wechselseitige Dreiphasenatmung ausbalanciert.

In der Wechselatmung werden solare (Sonnen-) und lunare (Mond-)Energie in ein harmonisches Gleichgewicht gebracht. Die Fingerhaltung, die dafür notwendig ist, heißt *Vishnu Mudra* (2).

Sitzen Sie aufrecht in einer Sitzposition (siehe Seite 105) und legen Sie die linke Hand aufs linke Knie. Entspannen Sie beide Schultern, straffen Sie den Nacken, senken Sie das Kinn ein wenig zum Brustbein. Nehmen Sie mit der rechten Hand das *Vishnu Mudra* ein.

2 *Vishnu Mudra*

(1) Verschließen Sie nach der Ausatmung das linke Nasenloch mit dem Ring- und Zeigefinger und atmen Sie in der Dreiphasenatmung durch das rechte Nasenloch ein, zählen Sie bis sieben.

(2) Schließen Sie mit dem Daumen nun auch das rechte Nasenloch, indem Sie auf den oberen Nasenflügel drücken, und zählen Sie beim Atemanhalten bis sieben. Lösen Sie nun den Druck des Ring- und Zeigefingers (3) auf den linken Nasenflügel und atmen Sie bis sieben zählend, links aus.

Beginnen Sie immer mit der Einatmung dort, wo Sie ausgeatmet haben, halten Sie die Luft an und atmen Sie durch das andere Nasenloch aus. Fahren Sie mit der Übung zehn- bis fünfzehn Minuten fort.
Die Ein- und Ausatmung sollte möglichst harmonisch vor sich gehen. Die wichtigste Phase beim Atmen ist die Pause nach der Ausatmung. Wer mit dieser Pause anfangs nicht zurechtkommt, steigert den Rhythmus und die Dauer der Einatmung, des Atemanhaltens und der Ausatmung nach einigen Wochen auf 1:2:1 oder 1:3:1 und zuletzt auf 1:4:1. Erweitern Sie nun diese Übung mit der vierten Phase, dem Verweilen ohne Atem 1:1:1:1 oder 1:2:1:1. Genießen Sie dabei die sich nun öffnende endlose Ruhe und Stille. Entspannen Sie sich nach der Übung einige Minuten, auf dem Rücken liegend.

PRANA, DIE HEILENDE KRAFT

Manche Menschen haben die Gabe, durch innere Kräfte Kranke zu heilen. Wenn sie selbst krank werden, können sie diese heilenden Kräf-

1 Einatmen   2 Luft anhalten   3 Ausatmen

te oft nicht für sich selbst anwenden. Die Übungen des *Pranayamas* helfen, diese Heilkraft so zu entwickeln, daß sie sowohl für andere wie auch für sich selbst angewendet werden kann. Leiden Sie an organischen Erkrankungen wie zum Beispiel an Magen- oder Darmentzündungen, so schließen Sie nun die Augen. Identifizieren Sie sich mit der heilenden Kraft des *Prana* und stellen Sie sich diese Kraft als warmen vibrierenden Energiestrom vor. Nehmen Sie diese Energie während der tiefen Einatmung auf.

Während der gedehnten Ausatmung senden Sie nun den warmen, vibrierenden Energiestrom zum kranken Organ. Wiederholen Sie das einige Male und stellen Sie sich vor, daß die Entzündung oder der Schmerz durch diese liebevolle Zuwendung mehr und mehr nachläßt.

Wenden Sie die innere Heilung vor dem Schlafengehen an, wenn Sie im Bett liegen und Zeit für sich selbst haben. Legen Sie noch zusätzlich die rechte Hand auf die betroffene Stelle. Verstärken Sie die liebevolle Zuwendung zu sich selbst auch während des Tages, und es tritt unter Umständen bald eine Besserung ein. Zumindest beugen Sie einer Verschlechterung vor.

Als ich vor Jahren an einer schmerzhaften und gefährlichen Darmfistel litt, wandte ich die Methode der Selbstheilung an und genas. Vertrauen Sie Ihren inneren Heilkräften, die Sie durch das *Pranayama* aktivieren können.

Wenden Sie diese Methode auch bei Ihrem Partner an, wenn er sich schwach oder krank fühlt. Reiben Sie die Handflächen zuerst fest aneinander. Legen Sie nun Ihre Hände auf die schmerzhafte Stelle oder das kranke Organ auf (4).

Atmen Sie *Prana* ein und senden Sie den heilenden Energiestrom zur betroffenen Stelle. Waschen Sie sich danach die Hände unter kaltem fließendem Wasser, um die von Ihrem Partner aufgenommene, eventuell negative Energie zu neutralisieren. Seien Sie sich darüber bewußt, daß genauso wie man sich krank machen kann, man sich auch wieder heilen kann. Es ist dabei wichtig, darüber zu sprechen und an sich zu arbeiten. Sagen Sie dies Ihrem Partner und leben Sie es vor. Der Wunsch vieler Partner ist es, einander näherzukommen und sich zumindest für eine kurze Zeit körperlich und geistig eins zu fühlen mit dem Geliebten.

4 Heilung durch Aktivierung von Prana.

1 Verschmelzung

Wenden Sie sich nach dem *Pranayama* gemeinsam mit Ihrem Partner der Übung der »Verschmelzung« zu.

■ Verschmelzung (1). Hören Sie zu dieser Übung Ihre gemeinsame Lieblingsmusik: Legen Sie sich gestreckt auf Ihren Partner und achten Sie gemeinsam darauf, daß Ihre Beine, das Becken und der Rumpf deckungsgleich aufeinanderliegen. Der unten liegende Partner bestimmt den Atemrhythmus, wobei beide die Ausatmung und Einatmung ein wenig in die Länge dehnen.
Entspannen Sie bei der Ausatmung beide die gesamte Wirbelsäule und jeden Muskel des Körpers und lassen Sie sich »tief in den Boden sinken«. Fühlen Sie die Energie, die Sie bei der Auf- und Abbewegung beider Körper, bestimmt durch den Atemrhythmus, durchströmt.
Spüren Sie die körperliche Nähe Ihres Partners, öffnen Sie sich innerlich und verschmelzen Sie in der Ausatmung geistig miteinander. – Partnerwechsel. ■

KUNDALINI, DIE MAGISCHE KRAFT

Ein Mensch lebt nicht getrennt vom Partner, der Natur und dem Kosmos, sondern ist verbunden durch ein gemeinsames Schicksal. Kosmische Gesetze bringen Mensch und Umwelt in Wechselbeziehung zueinander. Tag und Nacht bestimmen unser Leben, der Mond, Ebbe und Flut, wie die Konstellation der Sonne zur Erde die vier Jahreszeiten beeinflußt. Alles hat einen gemeinsamen Ursprung und läßt das Leben als Kristall in unzähligen Farben erstrahlen. Blickt man zu den Sternen, sieht man den Kosmos als unendlichen Himmelsraum. Schließt man die Augen, so kann man die gleiche Tiefe in sich selbst erkennen. Im Traum gibt es keine Trennung von Innen und Außen und man gleitet, gleich einem galaktischen Raumschiff, in das innere Universum, indem man seine Aufmerksamkeit nach innen zieht (= *Pratyahara*).
Die innere und äußere Welt bilden eine Einheit. Übergangslos erwacht oder träumt man. Dazu stellt man sich im Tantra symbolisch eine Welten- oder Symmetrieachse vor, um die sich alle Galaxien drehen. Der Mensch, als Zentrum des sich ausbreitenden Kosmos, symbolisiert durch seine Wirbelsäule die Verlängerung dieser kosmischen Weltenachse; dort pulsiert die schöpferische, kosmische Kraft *Shakti*, die das Universum und die Natur schafft und zerstört. Im Menschen wirkt sie als geheimnisvolle Spiralkraft *Kundalini*, die, symbolisch als Schlange zusammengerollt, am Ansatz der Wirbelsäule im Steißbein ruht. Wie in einem Sammelbecken des Unbewußten schlummern hier die Uremotionen unserer vorgeschichtlichen Vergangenheit vom Einzeller über den Kaltblüter, die Säugetiere, bis hin zum menschlichen Indi-

vidium. Als magische Kraft regt *Kundalini* die Anziehung zwischen den Geschlechtern durch die Sexualität an.

Am oberen Ende der Wirbelsäule ruht symbolisch als Gegenpol dazu *Shiva*, als kosmisches Bewußtsein, verantwortlich für das Erkennen und Verstehen (1) [a= *Shiva*, b=Hypophyse (Hirnanhangdrüse), c=Schilddrüse, d=Thymusdrüse, e=Weltenachse, Wirbelsäule mit dem Zentralkanal (*Sushuma*), f=Zirbeldrüse, g=verlängertes Rückenmark, h= Kleinhirn, i=Steißbein, k=Spiralkraft (*Kundalini-Shakti*), l= *Shakti*].

Wenn sich beide Pole einander nähern, versöhnt sich die kosmische Energie *Shakti* mit dem kosmischen Bewußtsein *Shiva* im Tantra-

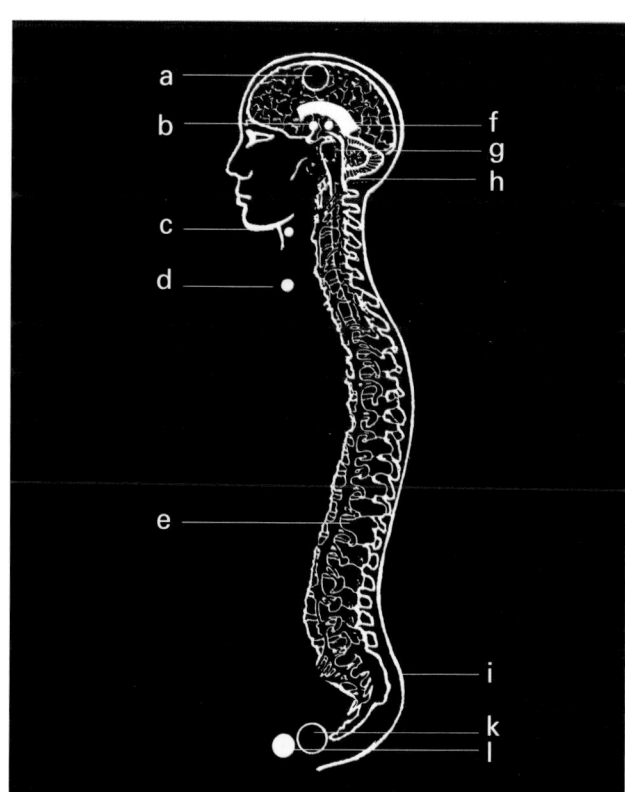

2 *Die Kanda, Sammelstelle aller Energiekanäle.*

Yoga, wenn die Urkraft *Kundalini-Shakti* in einem erwacht und die inneren Blumen, die *Chakren*, erblühen (siehe dazu Abb. 1, Seite 112). Der ganze Körper schwingt dann in einem gleichmäßigen Atemrhythmus. Alle Moleküle des Organismus bewegen sich vom Genitalbereich zum Ansatz der Wirbelsäule in einer dynamischen Bewegung nach oben.

Das Schwerkraftprinzip ändert sich nun symbolisch in eine aufwärtsgerichtete Energie, die als pulsierende Elektrizität in der Wirbelsäule spürbar wird. Indem die *Chakren* durch die aufsteigende dynamische Energie erblühen, befreit sich der Mensch von jeder Begrenzung und empfindet körperliche und seelische Leichtigkeit.

Durch den Atem wird die Lebenskraft *Prana* aktiviert. Im Atemanhalten wird das Prana beherrscht und in der Ausatmung als heilende Kraft angewandt. Nun erfahren Sie den Zusammenhang zwischen Prana und der Spiralkraft *Kundalini*. Diese Spiralkraft *Kundalini-Shakti* steuert im Schlaf wie auch im Wachen körperliche, seelische und geistige Vorgänge. Sie zeigt sich als Wirkkraft im Organismus:

– als *Prana* über die Einatmung im Brustbereich.

– als *Apana* wirkt sie über die Ausatmung im Beckenbereich, den Darm, Anus und Genitalbereich. Sie leitet auch die Entwicklung von Ei- und Samenzellen, sowie den Orgasmus und die Wehen ein.

– als *Samana* wirkt sie im Magen und oberen Bauch. Sie schürt das Verdauungsfeuer an und verwandelt die Nahrung in Energie. Sie aktiviert das harmonische Funktionieren der Organe, des Nervensystems, und des Herzschlages.

– als *Udana* wirkt sie in der Kehle und bewirkt das Schlucken. Sie ermöglicht das Sprechen und das Singen über die Stimmbänder.

– als *Vyana* durchzieht sie den ganzen Körper und verbindet über die Blutzirkulation alle Wirkkräfte *Vayus* untereinander. Sie hält den Körper aufrecht und zersetzt den Körper nach dem Tode.

Durch die »inneren Verschlüsse«, die *Bandhas*, lernen Sie nun, diese Energie gezielt auf innere Organe, Akku-Punkte oder endokrine Drüsen zu lenken. Ein besonderes Beispiel dafür ist die Thymus- und Zirbeldrüse (siehe Abb. 1, Seite 112).

Beim Kind regt sie das Immunsystem an, wird jedoch in späteren Jahren inaktiv. Durch die Yogaübungen, *Asanas*, und inneren Verschlüsse erweckt man sie wieder zu ihrer früheren Funktion. Das gleiche trifft auch auf die Zirbeldrüse zu; sie arbeitet beim Kind sehr rege und bewirkt PSI-Kräfte, die sogenannten »paranormalen Fähigkeiten«. Viele Erwachsene erinnern sich an unerklärbare Erlebnisse in ihrer Kindheit, wie zum Beispiel intuitive Voraussichten und erstaunliche spirituelle Erlebnisse.

Über die Magie des Atems und die inneren Verschlüsse erweckt man den Energiestrom der Spiralkraft *Kundalini-Shakti* und damit auch jene »paranormalen Fähigkeiten«, die wir als Kind noch hatten.

ERWECKUNG DER SPIRALKRAFT

Beginnen Sie mit der folgenden Übung des *Pranayama* und den beiden inneren Verschlüssen, dem Kinn-, *Jalandhara-Bandha* und dem Wurzelverschluß, *Mula-Bandha*.

■ Nehmen Sie eine Sitzposition ein. Atmen Sie mit Hilfe der geschlossenen Stimmritze über die Kehle, in der Dreiphasenatmung, ein. Dadurch entsteht ein leiser Schnarchton. Gelingt es Ihnen anfangs nicht, den Kontakt zur Stimmritze im oberen Kehlbereich herzustellen, so atmen Sie einfach gleichmäßig durch beide Nasengänge gedehnt ein.

Spüren Sie, wie der Atemstrom als *Prana*-Sog über die Luftröhre zum Herzen und weiter nach unten zum Sexualzentrum strömt. Halten Sie nun den Atem an und ziehen Sie den inneren und äußeren Schließmuskel fest an. Dieser Verschluß heißt Wurzelverschluß, *Mula-Bandha*. ■

Sie werden nun feststellen, daß der Genitalbereich sich mit anspannt. Dadurch werden die Geschlechtsdrüsen angeregt.

Ziehen Sie den Genitalbereich und die Schließmuskeln einige Male an und entspannen Sie wieder. Dadurch aktivieren Sie das Sexualzentrum und trainieren die Muskeln der Genitalien und des Darmes. Das männliche Glied wird dadurch steifer, größer und durch die erhöhte Blutzufuhr erregter. Die Frau lernt dadurch die Scheide willentlich so stark zusammenzuziehen, daß der Reiz durch den Kontakt mit dem Glied verstärkt wird.

Gynäkologische Probleme, Harnausfluß, Impotenz und Frigidität, schmerzhafte Hämorrhoiden und Darmträgheit werden geheilt.

Durch den Wurzelverschluß hebt sich nun das *Apana* als Gegenkraft des *Prana*. Senken Sie das Kinn zum Brustbein *Jalandhara-Bandha* (1) und das *Prana* strömt als spürbarer Druck von der Kehle zum Herzen und schließlich nach unten zum Genitalbereich. Die Herztätigkeit wird entlastet, Puls und Blutdruck sinken ein wenig. Durch den Druck des Kinns auf das Brustbein wird ein Akku-Punkt angeregt, der den Herzmuskel stärkt. Wenn nun beide Ge-

1 Kinnverschluß (Jalandhara-Bandha)

genkräfte – *Prana* und *Apana* – miteinander in Kontakt kommen, entsteht ein energetischer Wirbel, der stark auf das Sexualzentrum einwirkt.

Atmen Sie nun ruhig und gedehnt durch das linke Nasenloch aus. Dadurch bleibt die anregende heiße Sonnenenergie *Pingala* im Körper, die auf die Spiralkraft anregend wirkt.

Kanalisierung der Spiralkraft

Ohne Atem legen Sie nun beide Hände auf die Knie, beugen sich ein wenig nach vorn und drücken den Nabelknoten nach hinten zur Wirbelsäule hoch. Diesen Verschluß nennt man Bauchverschluß *Uddiyana-Bandha* (2).

Senken Sie dabei das Kinn zum Brustbein, *Jalandhara-Bandha* und ziehen Sie den Schließmuskel an. Diese Kombination nennt man Großen Verschluß, *Maha-Bandha* (3). Spüren

2 Bauchverschluß (Uddiyana-Bandha)

3 Großer Verschluß (Maha-Bandha)

Sie, wie die vibrierende Elektrizität als heißer Lichtstrahl von der Steißbeingegend durch die Wirbelsäule des Zentralkanals nach oben zum dritten Auge fließt. Herz-, Kehl- und dritte Auge-Chakra öffnen sich durch die gewaltige Energie, die alle Zellen auflädt. Wiederholen Sie diese Übung einige Male.

Das Lustzentrum steht in enger Verbindung mit der feinstofflichen *Kanda*, der Sammelstelle aller feinstofflichen Energiekanäle im Astralkörper (1).

1 *Der Feinkörper des Menschen – tibetische Darstellung.*

Diese *Kanda* befindet sich in der Höhe des Schambeins, fünf Finger oberhalb des Anus. Als Zentrum des Feinkörpers führen von der *Kanda* 72 000 Lebenskanäle, *Nadis*, weg zu den *Chakren*. In diesen fließt *Prana* und lädt den Organismus und den Feinkörper mit Energie auf. Von dieser *Kanda* spaltet sich ein feinstofflicher Kanal, *Nadi*, den man *chitra* nennt, in zwei Richtungen. Eine führt zu den Genitalien und bewirkt den Reiz zum Orgasmus. Die andere zweigt zum Ansatz der Wirbelsäule, dem Steißbein ab. Hier liegt das Wurzelchakra, von dem der Zentralkanal (*centralis canalis*) in der Wirbelsäule zum Gehirn führt. Zwischen der *Kanda* und dem Wurzelchakra ruht die Spiralkraft, *Kundalini-Shakti* und wirkt als Lustempfinden im Genitalbereich.

Wie man die geheimnisvolle Spiralkraft *Kundalini* über den zentrierten Druck auf das Sexualzentrum und die *Kanda* erweckt, kanalisiert und nach oben zum Gehirn führt, gebe ich nur unter persönlicher Aufsicht weiter. Wenige eingeweihte Yogis beherrschen dieses Können. Dadurch besiegt man Alter, Schmerz und den vorzeitigen Tod.

2 Der Tänzer. Durch diese Position fließt Prana.

Der magische Zauber der Liebe

Wenn im Frühjahr die Blumen zu blühen beginnen, das Gras und die Blätter grün werden, sich der Boden durch die Sonne erwärmt und die Luft nach Frühling duftet, fühlt man sich wie neugeboren. Das Leben ist schön, die Sinne erwachen und damit auch die Liebe und die Lust. Man sieht das Leben mit neuen Augen und malt sich aus, wie man es neu und schöner gestalten wird.

Es ist die alle Jahre wiederkehrende Energie, die einen gläubigen Menschen ahnen läßt, daß Gott in und um ihn weilt. Spürt man dies, so gerät man wie in einen Bann und ist so verzaubert, als würde man von seinem geliebten Partner umarmt. Nun beginnt der dritte Schritt im Tantra, das Erreichen von Harmonie und innerem Gleichgewicht.

Um die Magie von Harmonie und Gleichgewicht zu verspüren, sollten Sie beginnen, Ihre Sinnesempfindungen zu vertiefen. Begegnen Sie Ihrem Partner mit Respekt, Bewunderung und Zuneigung und lernen Sie, ihn mit Ihren Sinnesempfindungen wahrzunehmen. Riechen Sie seinen vertrauten Atem, die Haut, berühren und umarmen Sie einander öfter. Verführen Sie den Partner mit Ihrer Stimme und flüstern Sie einander Ihre Liebe und Ihr Vertrauen im Kuß zu.

Durch diese Zuwendung werden Liebe und erotische Anziehung vertieft und beide Partner heben einander symbolisch in ihrer positiven Wertschätzung.

BEGEGNUNG ÜBER DIE SINNE

Ihr Partner liegt nackt und mit geschlossenen Augen auf dem Rücken. Umschmeicheln Sie seinen Körper mit Ihren Augen, entdecken Sie alte und neue Geheimnisse und lassen Sie Ihren Blick dort verweilen, wo es für Sie am reizvollsten ist.

Flüstern Sie Ihrem Partner zu, was Sie erregt, und wie Sie den Körper begehren. Berühren Sie ihn zart oder fest – je nach Lust. Riechen Sie die Haut und trinken Sie den Atem Ihres Partners, indem Sie die Lippen und die Zunge des Geliebten schmecken. Schließen Sie die Augen und vertiefen Sie das Erlebte in Ihrem Herzen. Genießen Sie nun die Zuwendung Ihres Partners.

Das Leben ist schön, die Sinne erwachen und damit der magische Zauber von Liebe und Lust.

Aurasehen mit dem Partner

Wenn Schamanen, Yogis oder Zenmeister ihre Schüler beobachten, um festzustellen, was mit ihnen los ist, tasten sie ihre Aura ab. Dabei überraschen sie den Schüler mit einem Befehl, zum Beispiel etwas vom Boden aufzuheben, oder sie bringen ihn durch eine Frage oder bestimmte Handlungen aus der Fassung. Als nächsten Schritt blickt der Lehrer den Schüler schräg, gewissermaßen »von unten« an. Dadurch entwickelt sich eine feinstoffliche Wahrnehmung und der Austausch von verstärkter Energie. Nun erkennt der Yogi durch Intuition und spontanes Einfühlungsvermögen die Schwachstellen seines Schülers. Entweder

macht er ihn darauf aufmerksam oder er lädt mit praktischen Yoga-Übungen diese Schwachstellen, mit Zutun seines Schülers, wieder auf. Schamanen setzen diese Methode auch für Geist- und Fernheilungen ein.

Die magische Übung des Aurasehens erlernt man durch den 180-Grad-Blick: Ihr Partner stellt sich nackt vor eine weiße kahle Wand. Schauen Sie ihm nun nicht direkt in die Augen, sondern sehen Sie eine Spur schräg an ihm vorbei. Stellen Sie den Blick dabei auf unscharf, indem Sie die Augen möglichst ohne Blinzeln lange offen halten und aus den Augenwinkeln sehen. Dadurch erweitern Sie Ihren Blickwinkel auf 180 Grad und die Konturen des Körpers verschwimmen. Betrachten Sie nun das »Flimmern« und »Zittern« der Luft und das gelegentlich pulsierende Farbenspiel um den Raum des unscharfen Körpers (1). Bleiben Sie bei den Beobachtungen ganz neutral und horchen Sie in sich hinein. Ihre innere Intuition teilt Ihnen nun etwas über Ihren Partner mit, ganz gleich ob Schwächen oder Stärken. Sagen Sie dies Ihrem Partner und sprechen Sie gemeinsam darüber. Tauschen Sie anschließend die Rollen.

Um die feinstoffliche Energie zuverlässig wahrzunehmen, bedarf es intensiver Übung und neutraler Beobachtung, die *Tratak*-Übung (siehe Seite 148) ist eine Hilfe dazu.

Eine Blume erblüht, wenn sich in ihr die Energie entfaltet; beim Menschen geschieht ähnliches über die *Chakren*. Öffnen sie sich, dann verfeinern sich alle Sinnesempfindungen und das Bewußtsein. Als Energiezentren sind sie die Schnittpunkte von Körper und Geist. Das Verbindende ist die Seele, welche den Feinkörper bildet. Deshalb erspürt und fühlt man den Zugang zu den *Chakren*. Das unterste *Chakra*

1 Aura (feinstoffliche Energie)

124

befindet sich nach den ältesten tantrischen Darstellungen in der Mitte des großen Zehs. Durch Massage dieses Akupunktur-Punktes (2) regt der Tantriker die Hirnanhangdrüse (Hypophyse) an; sie wird als drittes Auge, *Agya-Chakra* bezeichnet.

Damit werden alle endokrinen Drüsen und *Chakren* aktiviert. Machen Sie sich auch diese Erfahrung zunutze und massieren Sie diesen Akupunktur-Punkt mindestens einmal täglich. In der Wirbelsäule und im Gehirn liegen die wichtigsten *Chakren* (siehe Abb. 1, Seite 112 und Abb. 4, Seite 145).

Die unteren fünf *Chakren* in der Wirbelsäule werden durch die Verdichtung der Elemente Luft, Feuer, Wasser und Erde gebildet. Daraus entwickeln sich die Sinne und der Organismus des Menschen. Das sechste *Chakra* zwischen den Augenbrauen im Kopfinneren, *Agya-Chakra*, gilt als die Pforte zum inneren Raum und zu den Sinnesempfindungen. Hier bewegen sich die Vorstellungen, Träume und das Ich-Bewußtsein. Über dieses Zentrum erlebt der Tantriker seine feinstoffliche Hülle und das Verschmelzen der dynamischen Energie, *Shakti*, mit dem kosmischen Bewußtsein, *Shiva*. Das Scheitelchakra, *Sahasrara-Chakra*, bildet die mentale Hülle, in der sich der Geist durch Denkprozesse manifestiert. Durch Meditation erfährt man hier den klaren Raum, wo sich Ruhe und Stille im Innern ausbreiten.

Begegnung über die Chakren, die Tore zum Feinkörper

Ihr Partner liegt nackt auf dem Bauch. Ihr Blick gleitet über seinen nackten Körper und verweilt auf dem Rücken und am Ansatz der Wirbelsäule. Beugen Sie sich nun über das Gesäß und blasen Sie Ihren Atem, ohne den Körper zu berühren, vom Ansatz der Steißbeingegend über die gesamte Wirbelsäule des Partners zum Nacken und über die Haare. Ihr Partner konzentriert sich auf den Schauer, der sich über den Rücken ausbreitet und alle Chakren in der Wirbelsäule erregt (3). Wiederholen Sie diese Anregung einige Male und genießen Sie dabei die erotische Spannung, die zwischen Ihnen beiden entsteht, wechseln Sie sich ab.

125

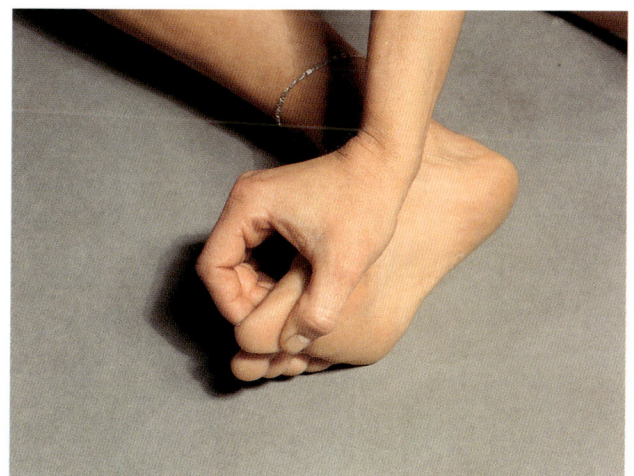

2 Anregung des dritten Auges (Agya-Chakra).

3 Anregung der Chakren, die in der Wirbelsäule liegen.

»Du bist die Sonne hinter der Sonne *(Shiva)* und der Mond hinter dem Mond *(Shakti)*.«
(1) Die Liebenden sitzen sich nackt gegenüber und blicken einander an. Konzentrieren Sie sich dabei auf den Punkt zwischen den Augenbrauen auf der Stirn Ihres Partners. Entspannen Sie die Lider und Augäpfel und geben Sie sich ganz der Tiefe des Blicks Ihres Partners hin. Spüren Sie die magnetische Anziehung im Blick als zusammenfügende Kraft, die Sie beide vereint.

126

1 *Verschmelzung über das dritte Auge.*

Keine Trennung, nur Einverstandensein und vollkommene Hingabe durchströmen und beglücken Sie.

Der Mann und die Frau, symbolisch im Tantra als Sonne und Mond, bezeichnet als *Shiva* und *Shakti*, nähern sich einander, wenn die Liebe und Lust in ihnen erwacht und ahnen das Göttliche im magischen Zauber der Liebe.

Wie dieser magische Zauber der Lust und Liebe im Tantra ein liebendes Paar – *Shiva* und *Shakti* – mit dem Göttlichen verbindet, beschreibt Svami Karapati in seinem Werk »Lingopasana-rahasja« in gefühlvoller Poesie: »Jede Liebe, jede Sinnlichkeit, jedes Begehren ist Lustsuche. Wir begehren die Dinge nur, wenn sie uns Lust verschaffen. Jede Lust, jedes Lustempfinden ist eine Erfahrung des Göttlichen. Das ganze Leben entquillt der Lust. Die Lust ist die Quelle von allem, was existiert. Doch die vollkommene Liebe ist jene, deren Ziel nicht begrenzt ist. Diese Liebe ist die reine Liebe, die Liebe zur Liebe selbst, die Liebe zum Sein als transzendente Wollust.«

LIEBE UND LUST IM TANTRA

Wenn Mann und Frau einander begehren, dann entwickelt sich zwischen den beiden eine magnetische Anziehung. Ihre Sinne streben die Vereinigung an. Im Tantra öffnen sich nun drei Möglichkeiten, damit unzugehen.

a. Das Begehren durch die »sexuelle Umarmung« (im Tantra = Vereinigung) zu stillen.

b. Das Begehren aufrechtzuerhalten, indem man den Orgasmus auf unbestimmte Zeit hinauszögert.

c. Im Orgasmus still zu verharren und auf dem höchsten Plateau der Erregung zu verweilen.

Auf gar keinen Fall soll man im Tantra den geliebten Partner zum egoistischen Selbstzweck, weder körperlich noch seelisch, als Kraftüberträger ausbeuten. Der wunderschöne Moment des vollkommenen Aufgehens in der Lust und Liebe würde so zu einem Machtspiel, in dem man über die Orgasmen seines Partners bestimmt. Im Tantra symbolisieren beide Körper den Tempel der Seele und dienen der Verehrung Gottes:

»Indem das Absolute, Eine, sein Gegenteil begehrte, teilte es sich in zwei Hälften. Das eine war männlich, *Shiva*, und das andere weiblich, *Shakti*. Die gegenseitige Anziehung der beiden Prinzipien wird zur Quelle allen Lebens«. (Upanishaden)

Das Männliche in diesem Weiblichen und umgekehrt führte zur Schaffung des Weltalls, der Natur und des Menschen. Die Vereinigung von *Shiva*, der Substanz und *Shakti*, der Energie, ist die Grundlage der Schöpfung, deren Natur reines Begehren ist. Wenn sich beide vereinen, liegt ihre Wirklichkeit in der Wollust, denn ihre getrennte Existenz ist nur Fiktion.

Dies zu erkennen, ist eine der Weisheiten des Tantra.

Vorurteile gegen das Tantra

Manche an Tantra Interessierte vertreten die Ansicht, daß Tantra die Sexualität zu sehr kompliziere und kultiviere, dadurch, meinen Sie, könne man sich sexuell nicht ausleben. Ich habe den Verdacht, daß hinter dieser Skepsis – bei Männern – oft die Angst steht, die Kontrolle und Überlegenheit zu verlieren; Frauen haben vermutlich eher Hemmungen, ihre sexuellen Phantasien offen auszuleben.

Die moderne Sexualforschung hat erkannt, daß sexuelle Phantasien nicht nur ein Ersatz für eine erfüllte Sexualität sind, sondern als wesentlicher Bestandteil zur menschlichen Sexualität gehören. Sie erfüllen sich, wenn sie mit dem Partner in die Tat umgesetzt werden. Deshalb setzt Tantra bei der ersten Möglichkeit an, »das Begehren durch den Orgasmus zu stillen und die Intensität des normal üblichen Genitalorgasmus zum Ganzkörperorgasmus zu steigern«.

Andere an Tantra Interessierte meinen, daß man die sexuelle Lust und Kraft transzendieren soll, da man sonst seiner spirituellen Entwicklung schade.

In diesem Zusammenhang ist zu bedenken, daß die sexuelle Lust und Kraft erst vorhanden sein muß, bevor man sie verfeinert und spirituell umsetzt. Sonst wird Tantra zu einer lauwarmen Angelegenheit, statt zu kraftvollen Höhenflügen der Spiritualität zu führen.

Daher folgt im Tantra der zweite Schritt erst dann, wenn man seelisch und emotional darauf vorbereitet ist; es soll Freude bereiten und zur Ekstase führen, wenn man »das Begehren auf unbestimmte Zeit ohne den ersehnten Orgasmus aufrechterhalten« will.

Einige Tage der Enthaltsamkeit führen zu einer Aufladung der dafür nötigen sexuellen Spannung. Üben Sie die Körperstellungen, die Atmung und die *Kundalini*-Erweckung. Dadurch steigern sich Energiepegel, Sensibilität und sexuelles Lustempfinden.

Lassen Sie Ihrer sexuellen Phantasie in dieser Zeit freien Lauf, indem Sie sich Höhenflüge von Luststeigerungen ausmalen. Vor dem Ritual des *Maithuna* sollte der Raum gut durchgelüftet, erwärmt und abgedunkelt werden. Treffen Sie nun Vorbereitungen, um die entsprechende Atmosphäre zu schaffen. Zünden Sie Kerzen an, verwenden Sie Duftlampen mit eroti-

sierenden ätherischen Ölen wie zum Beispiel Ylang-Ylang oder Rosenöl. Breiten Sie Kissen auf dem Boden aus und stellen Sie frisches Obst oder Getränke bereit, denn Leidenschaft steigert den Durst. Nehmen Sie nun ein Bad und verwenden Sie danach zur Reizung der Sinne Parfum wie Patchouli oder Sandelholz. Im Tantra wird die *Shakti* (*Shakti* als das anregende, verführerisch Weibliche) sanft mit wohlriechenden Ölen einmassiert, da das Wurzelchakra als unterstes *Chakra* in direkter Beziehung zum Geruchssinn steht. Man verwendet Jasmin für die Hände, Keora für den Nacken und die Wangen, Champa und Hina für die Brüste, Lavendel für die Haare, Moschus für die Genitalien, Sandelholz für die Hüften und Khus für die Füße.*

Zwischen den Augenbrauen, wo sich das dritte Auge befindet, malen sich beide Partner einen Punkt. Während der sexuellen Umarmung wird das Stirnchakra, *Agya-Chakra*, aktiviert und öffnet sich.

Beide massieren diesen Punkt mit dem Daumen der rechten Hand und rezitieren dabei das *Mantra*. – OM BHUH, OM BHUVA, OM SVAHA, OM MAHAH, OM JANAH, OM TAPAH, OM SATYAM.

Dieses Ritual heißt *Nyasa*. Dadurch werden die Elemente, die den Körper bilden, gereinigt und das dritte Auge angeregt. Manche Leser werden denken, daß einem beim Rezitieren der *Mantras* die Lust an der sexuellen Vereinigung vergeht; wer sich daran stößt, kann natürlich anfangs auf die *Mantras* verzichten. Später verhilft einem das tantrische Mantrieren dazu, die Erregung zu intensivieren und zu kontrollieren. *Mantras* sind spirituelle Mitteilungen, die alle

---

* Natürlich darf auch *Shiva*, der männliche Partner, gut riechen.

128

Energiezentren *(Chakren)* im Körper und im Gehirn aktivieren und einen Energiekreis um das tantrische Paar bilden.

Mann und Frau treten nun in der folgenden sexuellen Vereinigung in einen Zustand der Ich-Losigkeit und Anonymität. Beide erkennen darin, daß es keinen Unterschied mehr zwischen beiden, dem »Ich« und dem »Du« gibt. Die begrenzte Ich-Erfahrung löst sich in der Wollust auf und beide, das Männliche, *Shiva*, und das Weibliche, *Shakti*, erlangen ein Bewußtsein der Einheit, das gemeinsame Ziel beider.

In der folgenden sexuellen Umarmung symbolisiert der Körper das *Yantra*, der Atem das *Mantra* und der Ganzkörperorgasmus die Phase der Erleuchtung, wo das Gemüt in Ekstase schwingt und das Denken darin aufgeht.

1 *Shiva und Shakti im Bewußtsein der Einheit.*

Das Begehren über die »sexuelle Umarmung« stillen

Beide Partner sitzen einander im Fersensitz nackt gegenüber. Der Mann nimmt in seiner Partnerin das Göttliche, *Shakti*, wahr, die Frau im Partner *Shiva* (1).

Im Tantra werden die folgenden *Mantras* zur Einstimmung auf die sexuelle Umarmung mit dem Partner angewandt. Ein *Mantra* vermittelt eine Botschaft in Klangform, beruhigt das Gemüt und die Gedanken und führt zur Einheit mit dem Absoluten, mit Gott. Rezitieren Sie einige Minuten lang das Wahrnehmungs-*Mantra*: OHM – AHDI – OHM – OHM – AHDI – OHM. Konzentrieren Sie sich bei geschlossenen Augen auf die Genitalien Ihres Partners und stellen Sie sich diese plastisch vor. Stellen Sie Ihre Aufmerksamkeit darauf ein und spüren Sie, wie das Begehren in Ihnen erwacht. Legen Sie dabei jegliche Befangenheit und Zurückhaltung ab. Genießen Sie die aufkeimende Erregung und beginnen Sie nun beide, einander sanft durch Berührung anzuregen. Befreien Sie sich von jeglichen Hemmungen und steigern Sie die beiderseitige Stimulation, indem Sie das Geschlechtsorgan Ihres Partners masturbieren oder sich oral stimulieren.

Das Zentrum der Lust ist auch im Geist, daher verwirklichen Sie nun beide Ihre sexuellen Phantasien. Lassen Sie sich dafür Zeit, genießen Sie es, wenn Sie von einem wollüstigen Schaudern durchströmt werden. Die Erregung verändert den Atem; steigert sich die Erregung, so atmet man rascher und lauter. Zeigen Sie Ihrem Partner Ihre Begierde durch wollüstige Atmung und durch Ihren Gesichtsausdruck. Dadurch wird auch Ihr Partner von der Erregung angesteckt und Sie gelangen gemein-

129

1 *Flötenspiel*

sam zu emotionellen Höhepunkten. Signalisieren Sie einander, wenn Sie sich dem Orgasmus nähern, und halten Sie in der genitalen Stimulation inne. Verändern Sie Ihre erregte Atmung bewußt zu einer ruhigen und in die Länge gedehnten Atmung und entspannen Sie dabei Ihre Genitalien. Spüren Sie, wie die Erregung von den Genitalien aus als prickelnder Schauer zum Lustzentrum des Geistes im Kopfinneren strömt. Lösen Sie sich dann voneinander und rezitieren Sie das Kontroll-*Mantra*: PAHH – DAHH – O – MAHMM – PAHH – DAHH – O – MAHMM.

Konzentrieren Sie sich auf den Wunsch, in den Körper Ihres Partners einzudringen, oder Ihren Partner in sich aufzunehmen. Vereinen Sie sich in der sitzenden, liegenden oder umgekehrten Position, in der die Frau die aktive Rolle übernimmt (siehe dazu Seite 48 ff.).

Genießen Sie die sexuelle Umarmung, indem Sie sich einfühlen und die Bewegung der Genitalien innig erfahren. Reiben Sie Ihre Körper aneinander, erregen Sie einander durch die veränderte Atmung, den Kuß oder den Gesichtsausdruck. Verändern Sie die Liebesposition nach Lust und Laune, oder halten Sie für eine kurze Zeit inne und flüstern Sie einander Ihre Liebe und Ihre sexuellen Vorstellungen zu. Je intensiver sich beide Partner dem Liebesrausch hingeben, desto wacher und erregter reagiert die Spiralkraft als *Kundalini-Shakti* in beiden Liebenden. Wenn sich beide Partner bedingungslos einander hingeben, erleben Frau und Mann orgasmische Spasmen. In diesem Moment öffnet sich das Herzchakra und man glaubt, vor Lust die Sinne zu verlieren. Die Erregung strömt nun über das Sexualzentrum im Becken, über das Herz nach oben zum Kopfinneren. Die Hypophyse, die als Hauptdrüse alle anderen endokrinen Drüsen erregt und steuert, schüttet nun wertvolle Vitalitätshormone aus. Taucht man nun in den Rausch des Orgasmus ein, so entlädt sich die aufgebaute Spannung wie bei einem Gewitter. Dadurch steigt die Spiralkraft in der Wirbelsäule nach oben und »umarmt« im Liebesrausch für einen kurzen Moment *Shiva*, das Lustzentrum im Geist. Um die Trennung beider Pole nicht wie gewohnt voreilig zu lösen, bleibt das Paar sexuell vereint und genießt die Stille der Lust.

Beide Partner rezitieren nun das Kanalisierungs-*Mantra*: AHH – NAHH – YAHH – TAUNN – AHH – NAHH – YAHH – TAUNN.

Erfüllt vom Glücksempfinden wenden nun beide den Wurzelverschluß, *Mula-Bandha* an, wo die Energie des ausfließenden Sekrets mit Hilfe von Anziehen und Entspannen des Schließ- und Genitalmuskels zum Wurzelchakra im Ansatz der Wirbelsäule strömt. Dadurch nehmen beide wertvolle Hormone in die Blutbahn auf. Als Nachhall des Orgasmus strömt nun die aufgenommene Energie in der Wirbelsäule nach oben. Das Kinn wird zum Brustbein, *Jalandhara-Bandha* gesenkt, und man genießt das Glücksempfinden als Lichtermeer im Kopfinneren. Dadurch erweitert sich der vorzeitige Genitalorgasmus zum Ganzkörperorgasmus, der den Körper bis in die Fingerspitzen erfaßt. Dadurch gleicht der Mann seinen drastischen Energieabfall durch den Orgasmus rascher wieder aus und entspannt sich gemeinsam mit seiner Geliebten in einem lustvollen Glückszustand. Bestimmt ist diese neue Erfahrung für Mann und Frau eine sexuelle Bereicherung in der Partnerschaft, und Sie können sich danach der zweiten Möglichkeit im Tantra zuwenden.

Das Begehren durch die sexuelle Umarmung aufrechterhalten

Es gibt zwei Arten von Ganzkörperorgasmen, den bereits beschriebenen und den unmittelbar vor dem Genitalorgasmus stattfindenden Ganzkörperorgasmus. Natürlich ist es schwierig, den normalerweise gewohnten Genitalorgasmus willentlich vorzeitig abzubrechen und gemeinsam mit dem Partner im Höhepunkt des Begehrens und der Wollust zu baden (2). Schließlich gibt es ab einem gewissen Punkt kein Zurück mehr, und die Lust entlädt sich im Orgasmus. Daher nähert man sich mit Hilfe des Partners vorsichtig dem »point of no return«

2 ... im Höhepunkt des Begehrens und der Wollust verweilen.

und verändert durch eine ruhige und gedehnte Ausatmung die Anspannung in den Genitalmuskeln. Dadurch verteilt sich das geballte Lustempfinden wie ein elektrischer Strom im ganzen Körper. Diese Aufladung verspürt man als Kraftzuwachs und als Wunsch, weitere Höhepunkte zu erleben. Jetzt werden Sie auch den Sinn der aufbauenden Übungen zur Sensibilisierung und Kraftaufladung durch *Asanas* und Atmung verstehen.

Beide Partner sitzen sich im Fersensitz nackt gegenüber und rezitieren das Wahrnehmungs-*mantra*. Die Kraft, die sie beide nun in der sexuellen Umarmung vereinen wird, ist die Spiralkraft *Kundalini*.
Lenken Sie Ihre Aufmerksamkeit auf das Sexualzentrum in den Genitalien und regen Sie einander an. Vereinen Sie sich in der sexuellen Umarmung, spüren Sie den Kontakt zu Ihrem Partner über die erregten Genitalien im Becken, als heißdurchströmende Erregung. Schmecken Sie einander über die Lippen, den Atem und riechen Sie die Haut Ihres Partners. Sehen Sie einander an und erregen Sie sich gegenseitig durch Lustäußerungen. Lenken Sie nun beide Ihre Aufmerksamkeit auf das Kontroll-*Mantra*, denn nun beginnt das Spiel mit der Kraftaufladung über den Ganzkörperorgasmus. Der aktive Partner steigert die Lust des anderen, der passive spürt dabei die Erregung über den gesamten Körper bis in die Fingerspitzen und zur Kopfhaut. Das Aktiv- und Passivsein im Geben und Nehmen wechselt spontan und intuitiv, wobei die Partner einander helfen, sich dem Höhepunkt zu nähern.
Die Frau kann sich, wenn sie den Wunsch hat, dem Genitalorgasmus hingeben, da ihre Lust meist durch weitere Orgasmen gesteigert

wird. Als Kraftüberträgerin hilft sie ihrem Geliebten, die Kontrolle über die Ejakulation zu gewinnen, indem sie in der Bewegung und sexuellen Stimulation verharrt. Rezitieren Sie dabei das Kontroll-*Mantra*. Nun atmen beide tief und ruhig durch die Nasengänge und entspannen

132

1 Vereinigungspositionen nach altindischen Malereien.

die Genitalmuskeln. Über den Wurzelverschluß absorbieren Sie Ihre Energie, die vor dem Orgasmus ihren Höhepunkt erreicht. Während nun beide den Kinnverschluß anwenden und die explosive Wollust durch das Anziehen und Entspannen der Schließ-, Genital-

2 Altindische Liebespositionen

und Bauchmuskeln in den Zentralkanal der Wirbelsäule nach oben stoßen, erwacht die verbindende *Kundalini* aus ihrer Reglosigkeit. Als vibrierende Erregung strömt sie über das Becken zum Herzen und öffnet die »Blüten der *Chakren*«. Die anfangs animalische Lust beider Partner wandelt sich nun in glückselige Liebe zueinander um. Verändern Sie die Vereinigungsposition, oder stimulieren Sie sich oral für den nächsten Höhepunkt.

Lassen Sie sich Zeit, stillen Sie Ihre Leidenschaft durch bereitgestellte Getränke und Obst. Seien Sie zärtlich zueinander, liebkosen und streicheln Sie Ihren Partner und regen Sie dadurch Ihre eigene Wollust neu an.

Im Orgasmus still verharren

Verharren Sie nun entspannt in der sexuellen Umarmung und regen Sie einander nur durch das Anziehen und Entspannen der Schließ- und Genitalmuskeln an. Die Frau stellt sich dabei ihre Vagina als Mund und Lippen vor, mit denen sie am Penis ihres Partners saugt. Diese Vorstellung intensiviert den Kontakt zur Vagina. Der Mann stellt sich vor, wie sein Penis dicker und steifer wird, dabei tief in die Vagina eindringt und sie ausfüllt.

Bewegen Sie dabei, jedoch nur soweit es zur Anregung notwendig ist, Ihren Körper. Konzentrieren Sie sich im ständigen Wechsel von Aktiv- und Passivsein auf die erregende Wollust im Sitz der Genitalien. Spüren Sie, wie dadurch, als vibrierende Energie, die Spiralkraft *Kundalini* Ihr Becken, den Bauch und Ihren Brustkorb durchströmt und sich die Herzen einander öffnen. Nähern Sie sich beide nun dem Orgasmus, so verweilen Sie vor dem »point of no return« auf dem Plateau der Erregung. Senken Sie das Kinn zum Brustbein und spüren

Sie, wie der gewaltige Strom der *Kundalini* als Lichtermeer über den Nacken zum Stirnchakra im Kopfinneren strömt. Wie ein blühender Baum öffnen sich nun alle *Chakren*, und eine gemeinsame Aura umhüllt beide Partner in der vereinenden Ekstase. In diesem Höhepunkt liegt die Weisheit des Tantra. Rezitieren Sie nun das Kanalisierungs-*Mantra* und halten Sie die sexuelle Ekstase durch die sexuelle Umarmung aufrecht, solange es Ihnen beliebt.

Welche geheimen Praktiken wendet ein tantrisches Paar nach jahrelanger Praxis an?

Um diese geheimen Praktiken besser zu verstehen und das Zusammenspiel vom Zentrum der Lust in den Genitalien und im Geist zu be-

134

1 Eine gemeinsame Aura umhüllt beide Partner.

greifen, machen Sie nun gemeinsam die umgekehrte Vereinigung (Kopfstand) mit oraler Stimulation oder sexueller Vereinigung.

Geheime Sexualpraktiken

Im Kopfstand, *Sirhasana* (siehe auch Seite 94), werden die Hypophyse und die Zirbeldrüse verstärkt aktiviert. Die Zirbeldrüse bezeichnet man auch als »okkulte Drüse«. Beide regulieren den Fluß der Rückenmarksflüssigkeit *Soma*. Dieses *Soma* bezeichnet man im Tantra als Lebens- und Lustelexier. Es regt das Befehlszentrum und die geistige Kraft an.

Die Ausschüttung dieser Hormone wird durch den Kopfstand mit zusätzlicher oraler Stimulation angeregt. Außerdem erfährt man über die Anregung der Genitalien, die Aktivierung der beiden Hauptdrüsen im Kopfinneren und eine Dimension der Lustempfindung, die man kaum für möglich hält. Wichtig dafür ist die Beherrschung des Kopfstandes und ein müheloses längeres Verweilen in dieser Position.

Nehmen Sie nun diese Umkehrposition ein und verwenden Sie eine Kopfunterlage, auf die Sie Ihre Stirn oberhalb des Haaransatzes aufstützen. Ihr Partner nimmt nun Ihre Beine auseinander und regt das Perinäum, die Schamlippen, die Klitoris und die Vagina an. Entweder stimuliert er Sie manuell oder mit Cunnilingus zum Orgasmus.

Sie können sich auch in dieser Umkehrstellung sexuell umarmen, indem sich der Mann zwischen die stützende Wand und die Partnerin stellt. Er faßt nun seine Partnerin bei den Füßen und senkt Ihre Beine und den Oberkörper ein wenig. Durch diese Anwinkelung kann er besser in sie eindringen. Nähert sich die Frau dem Höhepunkt, so gibt sie ihm ein Signal aufzuhören.

Spüren Sie dabei, wie die Erregung von den Genitalien als heißer Luststrom, verstärkt durch die Umkehrposition, Ihr Kopfinneres elektrisch auflädt und die Hypophyse in Vibration mitschwingt. Wiederholen Sie diese Erfahrung der Anregung einige Male und lassen Sie zum Schluß den Orgasmus zu. Der Orgasmus in dieser Stellung übertrifft jegliche Beschreibung. Sie können natürlich den Höhepunkt aufrechterhalten, den Kopfstand lösen – und die Rollen tauschen.

Der Mann nimmt dazu allein, oder mit Ihrer Hilfe, gegen die Wand den Kopfstand ein und wird durch Sie manuell oder oral in Erregung gebracht. Achten Sie darauf, den Orgasmus hinauszuzögern und steigern Sie die Wollust bis zum Höhepunkt.

Um über die Ekstase im großen Orgasmus zu verweilen, erlernt der fortgeschrittene Yogi das *Vajroli Mudra*. Mit Hilfe von Kathedern verschiedener Durchmesser erweitert er seine Harnröhre und kräftigt durch das Aufziehen von Wasser und später von Milch mit Honig die Schließ- und Genitalmuskeln. Dadurch kontrolliert er seinen Samenfluß und absorbiert die Energie seiner spirituellen Gefährtin. Auch die Yogini trainiert diese Sogwirkung und wendet sie in der sexuellen Umarmung an. Beide erlernen das *Khechari-Mudra*, für das vorher das Zungenband durchgeschnitten, die Zunge

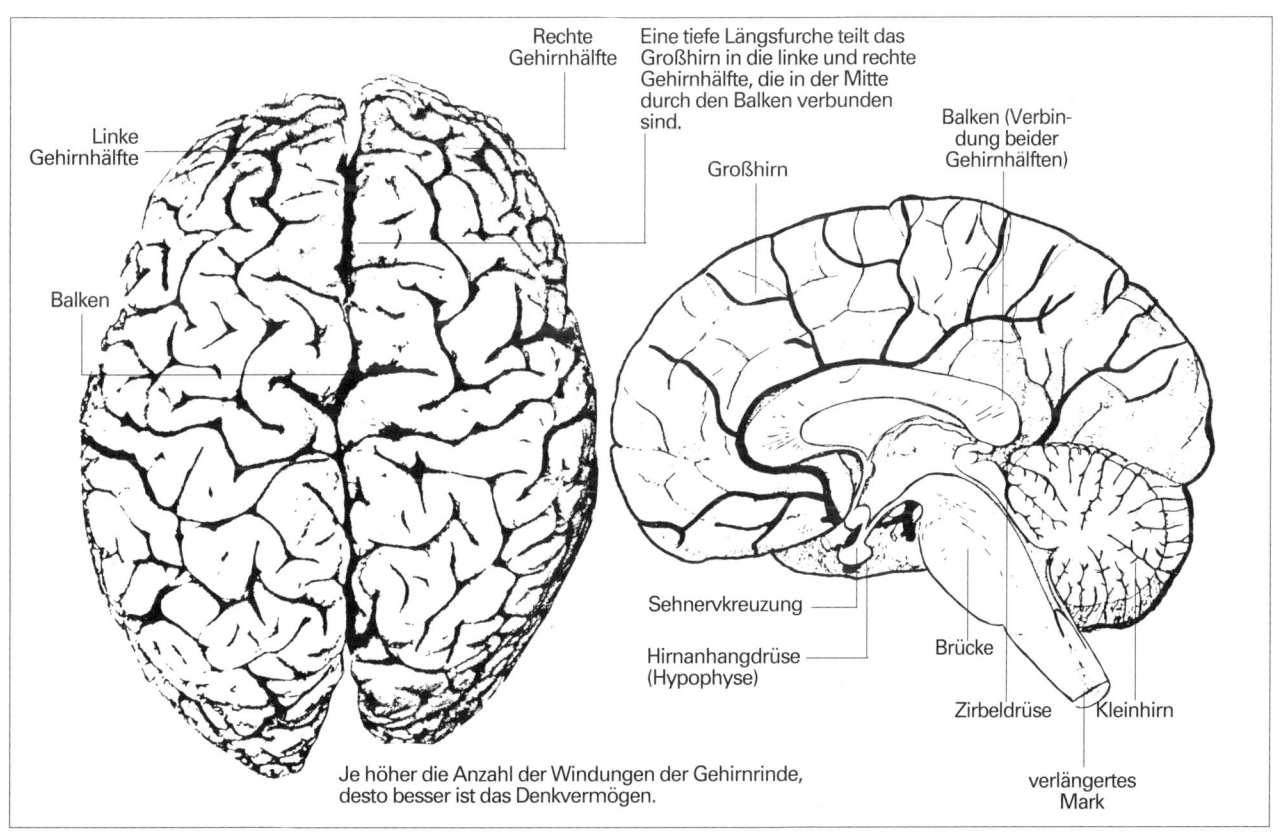

Linke Gehirnhälfte

Rechte Gehirnhälfte

Eine tiefe Längsfurche teilt das Großhirn in die linke und rechte Gehirnhälfte, die in der Mitte durch den Balken verbunden sind.

Großhirn

Balken (Verbindung beider Gehirnhälften)

Balken

Sehnervkreuzung

Hirnanhangdrüse (Hypophyse)

Brücke

Zirbeldrüse

Kleinhirn

verlängertes Mark

Je höher die Anzahl der Windungen der Gehirnrinde, desto besser ist das Denkvermögen.

2 Das Gehirn als galakitscher Computer

in die Länge gedehnt und biegsamer gemacht wird: Die in die Länge gedehnte Zunge wird nach hinten zur Zungenwurzel gedrückt und hinter dem Zäpfchen in den Nasengang eingeführt. Dadurch werden Atmungssystem, Herzschlag und Gehirntätigkeit auf ein Minimum reduziert oder sogar unterbrochen.

In der geheimen Praktik der sexuellen Umarmung nimmt nun das tantrische Paar eine sexuelle Position ein. Um den Körper dafür zu stärken und zu dehnen, bereiten sich beide durch die *Asanas*, die Atmung und die *Kundalini*erweckung darauf vor. Kommt es nun zur Vereinigung in der sitzenden Position (Abb. 1, Seite 134) und nähern sie sich dem gemeinsamen Höhepunkt, so wenden sie besondere, geheime Techniken an.

In der Ekstase der sexuellen Umarmung verschließen beide den Nasengang im Rachen durch den Zungenverschluß. Damit werden die Atmung, Herzschlag und Gedankenwellen unterbrochen und beide vermählen sich in Ekstase, so lange es ihnen beliebt, mit Gott.

Die ekstatische Vereinigung von Mann und Frau wird im Tantra als mystische Hochzeit der *Shakti*, der dynamischen Kraft, mit *Shiva*, dem kosmischen Bewußtsein, bezeichnet.

DAS KOSMISCHE BEWUSSTSEIN

Das Gehirn des Menschen (Abb. 2, Seite 135) gleicht einem galaktischen Computer und besteht aus über 10 Milliarden Gehirnzellen. Jede dieser Gehirnzellen steht mit 25 000 anderen in Verbindung. Die daraus entstehenden Kombinationsmöglichkeiten ergeben eine Anzahl, die größer ist als die Anzahl der Atome im gesamten Universum. Normalerweise sind dem Menschen nur ein ganz geringer Teil seiner Signale über die Gehirnrinde bewußt. Durch den Aufstieg der verbindenden Wirkkraft oder kinetischen Energie, werden weite Bereiche des sonst ruhenden Gehirns aktiviert. Dadurch entwickelt sich das Kosmische Bewußtsein im Menschen, welches die moderne theoretische Physik wie folgt erklärt:

Die Vergangenheit ist eine Tatsache, die die Gegenwart bestimmt. Aber auch die Zukunft ist eine gegebene Realität, die sich für den Menschen öffnet, wenn er dafür bereit ist.

Durch die mystische Vermählung in der sexuellen Umarmung *Maithuna* sind beide Partner dafür bereit. Wer diese Ekstase einmal erlebt, der wird sich nicht mehr allein mit dem reinen Genitalorgasmus zufriedengeben. Es wäre aber dumm und voreilig, nur den Ganzkörperorgasmus anzustreben. Dadurch könnte das Nervensystem überreizt werden und seelischer Schaden entstehen. Es ist daher sinnvoll, beide Formen des Orgasmus zu genießen und sich der Erfahrung der mystischen Einheit langsam zu nähern.

Nur so kann man eine fortdauernde Ekstase aufbauen, die man auch seelisch verkraftet; der Tantriker bleibt gewissermaßen auf dem Boden der Realität. Durch die lang andauernde Ekstase im »großen Orgasmus«, besonders durch die dabei gegebene Anregung der Zirbeldrüse, entwickelt sich bei den Tantrikern eine hohe Sensibilisierungsstufe; in einigen Fällen verfügen sie über unerklärbare Kräfte, wie zum Beispiel die des Gedankenlesens (Telepathie) oder können in die Zukunft schauen (Präkognition). Als besonderes Beispiel für solche unerklärbaren Kräfte, *Siddhis*, gilt die Gabe der Möglichkeit zu Astralreisen, die ich im folgenden Kapitel (siehe Seite 139 f.) erklären werde. Es kann auch zu sexualmagischen Fähigkeiten kommen, wie der Fernbeeinflussung von Menschen. Diese Gabe wird nur in bestimmten Fällen angewendet, etwa für den Heilungszauber, nie aber in negativer Absicht, denn die Energie könnte als Pendeleffekt einen selbst treffen. Um solche Gedankenkräfte zu erlangen und richtig einzusetzen, braucht man einen guten Lehrer, der seinen Schüler zur eigenen Realität zurückführt. Denn die Erde als Körper und der Himmel als Geist sollen in Harmonie und Gleichgewicht zueinander existieren. Irgendwann gelingt es dem tantrischen Paar, in orgiastischer Ekstase zu verbleiben, ohne daß es sich sexuell umarmt. Man beginnt den tieferen Sinn der Askese im Tantra zu begreifen, bei der die höchste Form der Sexualität zeitweise der Verzicht darauf ist. Und doch verbietet man einander im Tantra nichts, denn Freiheit beinhaltet beide Möglichkeiten, sowohl Askese, als auch die Hingabe zur Sexualität. Diese Erfahrung nennt man im Tantra *Samarasa*. Das ist ein Zustand, der dem *Samadhi*, der Erleuchtung, entspricht und zum **Verschmelzen mit der Einheit**, der vierten Stufe im Tantra-Yoga, führt.

Die Poesie des Tantra drückt es wie folgt aus:

Am Anfang war einer. –
Dann wurden zwei.
Und die zwei wurden zu einem.

Das Verschmelzen mit der Einheit

Durch den magischen Zauber der Liebe im Tantra erhöht sich der innere Kraftpegel beider Partner. Visionsfähigkeit und Hellsichtigkeit stellen sich oft spontan ein. Man entwickelt aber noch eine besondere Fähigkeit und zwar die, sich mit Hilfe des sogenannten Astralleibes vom physischen Körper zu lösen.

DIE KRAFT DER KONZENTRATION

Den Astralleib kann man sich als Schatten vorstellen, der mit dem Körper deckungsgleich ist und sich zum Beispiel im Traum für kurze Momente von der Schwere des Körpers lösen kann. Allein kann man diese Fähigkeit in langjähriger Übung durch Tiefenentspannung und Autosuggestion entwickeln; durch die sexualmagische Aufladung in der sexuellen Vereinigung kann der Tantriker diese Zeit verkürzen.

Astralreisen

Ihr Partner liegt auf dem Rücken. Setzen Sie sich an sein Fußende und strecken Sie beide

Der Astralleib löst sich wie ein Schatten vom Körper.

Handflächen im rechten Winkel nach vorn. Die Handflächen weisen dabei zum liegenden Partner hin. Schließen Sie die Augen, wobei Sie in der Einatmung über die Handflächen eine Anziehung zu Ihrem liegenden Partner entwickeln. Der Liegende versucht diesen Sog zu verspüren, und stellt sich vor, daß sich sein Astralleib wie ein Schatten vom Körper löst und von Ihren beiden Handflächen angezogen wird.

Atmet Ihr Partner aus, so hält der Astralleib dort an, wo er sich gerade befindet und stabilisiert sich. Meistens hebt er sich waagrecht zum physischen Körper, oder verläßt diesen im Fuß- oder Kopfbereich. Die Angst davor, nicht mehr zum organischen Körper zurückzufinden, ist unberechtigt. Es gibt eine bleibende Verbindung zwischen beiden, die sich erst im Tod wirklich auflöst. Fühlt der Liegende den Austritt seines Astralleibes, so stellt er sich vor, daß sich dieser von den Zehen bis zum Kopf bildet. Er versucht nun damit zu hören, zu riechen, zu schmecken und schließlich zu sehen. Setzen Sie Ihr gemeinsames Bemühen durch Ein- und Ausatmung fort, bis die astrale Sehfähigkeit stabilisiert ist.

Ihr Partner dreht nun seinen Astralleib herum und mustert sich selbst. Er betrachtet seinen reglos daliegenden physischen Körper und zum Schluß sein Gesicht. Empfindet er dabei Angst, so wird der Astralaustritt unterbrochen. Gehen Sie langsam und behutsam bei dieser Übung vor und genießen Sie den Zustand, denn es kann Ihnen nichts geschehen. Lassen Sie ganz einfach Ihre Seele baumeln.

Danach lenkt man seine Aufmerksamkeit wieder auf den physischen Körper und verschmilzt mit ihm.

Übt man den Astralaustritt allein, am besten in der Tiefenentspannung, so stellt man sich dabei folgendes vor:

In der gedehnten Ausatmung entspannt man, auf dem Rücken liegend, seinen ganzen Körper. Die Entspannung beginnt bei den Füßen und endet beim Gesicht und im Kopf. Nun stellt man sich vor, wie sich der Astralleib leicht wie eine Wolke vom physischen Körper löst und zur Zimmerdecke hochschwebt. Dreht sich der Astralleib herum, so erblickt man seinen reglos daliegenden physischen Körper. Danach verschmilzt man wieder mit ihm und fühlt sich ruhig und entspannt. Beherrscht man den Astralaustritt und ist innerlich durch die Körperstellungen und die Atemübungen gefestigt, so kann man mit dem Astralleib jederzeit auf Reisen gehen. Ist der Partner längere Zeit an einem anderen Ort und man hat Sehnsucht nach ihm, so kann man ihn über die Vorstellungskraft nun besuchen.

Vereinbaren Sie vorher ein gemeinsames Zeichen oder telefonieren Sie miteinander. Entspannen Sie sich nun und versuchen Sie, über die Vorstellungskraft einander zu begegnen. Sprechen Sie danach über das gemeinsame astrale Erlebnis.

Im tibetischen Tantrismus entwickeln Yogis ihre Vorstellungskraft so weit, daß sie mit einer weiblichen Yogini oder Göttin aus der Astralwelt in Kontakt treten. Ihre Schönheit und Anmut wird für die Yogis so wirklichkeitsnah, daß sie ihre geistige Gefährtin sehen, hören und sich in der Meditation mit ihr vereinen können. Die Konzentration, *Dharana*, und Vorstellungskraft verhelfen dem Tantriker zum vierten Schritt im Tantra, dem »Verschmelzen mit der Einheit«. Nicht nur in der Liebe zu seinem Partner, sondern zum jeweiligen Moment, verspürt der Tantriker dieses vereinende Gefühl in der Phase der Erleuchtung. Die Hinwendung dazu beseelt jede Handlung, und es gibt in seinem Leben keine Zweideutigkeit mehr: Er ist im Gleichgewicht zentriert; alles geschieht in Leichtigkeit und Ruhe, ohne willentliches Zutun. Diesen veränderten Bewußtseinszustand möchte ich durch die folgenden *Mudras* vermitteln. Sie sind Zeichen der Verehrung, der Schöpfung und bestehen aus Hand- und Körperzeichen, der Atmung und der Konzentration auf die *Chakren* (siehe Seite 112 und 145), den Feinkörper.

Mudras

 1. Geben und nehmen (1).
Beide Partner sitzen aufrecht im Fersensitz, die Handflächen liegen übereinander. Beschreiben Sie mit beiden Armen einen Halbkreis nach vorn und atmen Sie ein. Diese Geste drückt symbolisch das Geben aus. Beugen Sie dabei den Oberkörper vor. Treffen sich beide Hände, so ziehen Sie diese in der Ausatmung in einer geraden Bewegung zum Nabel, wobei sich die Wirbelsäule wieder aufrichtet. Während dieses Mudra, konzentrieren Sie sich auf den Bauch und das Nabelchakra. Wiederholen Sie das gleiche noch zweimal und falten Sie bei der dritten Wiederholung beide Hände mit den Fingerspitzen nach unten, in der Höhe des Nabels. Atmen Sie dabei aus.

2. Weltenachse (2 und 3).
»Rollen« Sie nun in der Einatmung über die Fingerspitzen und den Handrücken beide Hände nach oben und strecken Sie die Arme durch. Blicken Sie nach oben und senken Sie im Atemanhalten gleichzeitig beide Ellbogen und das Kinn ein wenig nach unten. Blicken Sie wieder nach oben und strecken Sie beide Arme durch. Senken Sie nun beide Arme in der Ausatmung, während Ihre Hände über die Handkanten, den Handrücken und die Fingerspitzen abrollen. Wiederholen Sie diese Übung noch zweimal und verharren Sie beim dritten Mal, während Sie den Atem anhalten, in der nach oben gerichteten Bewegung. Kon-

1 Geben und nehmen

2 Weltenachse

3 Weltenachse

141

zentrieren Sie sich auf die Wirbelsäule und die Chakren. ◼

◼ 3. Schutz- oder Bannmudra (1
und 2).
Senken Sie die Arme seitlich nach
unten und überkreuzen Sie bei der
stoßartigen Ausatmung durch den
Mund beide Arme ruckartig vor
der Brust. Lösen Sie die gekreuzte
Armhaltung in der Einatmung,
während Sie einen Halbkreis nach
oben beschreiben; die Fingerspitzen berühren einander und zeigen
auf die Kehle. Wiederholen Sie diese Übung und verharren Sie beim
dritten Mal im Kniestand, wobei
die Arme in der Einatmung einen
Halbkreis nach oben beschreiben
und die Fingerspitzen einander
berühren. ◼

◼ 4. Der Kreis – das »Einende« (3).
Zeichnen Sie bei der Ausatmung
mit beiden Händen einen Kreis
von oben nach unten, wobei die
Handflächen anfangs nach unten
und in der Bewegung nach oben
gedreht werden. Senken Sie nun
den Oberkörper im Atemanhalten
nach hinten und ziehen Sie beide
Hände zum Nabel. Richten Sie den
Oberkörper in der Einatmung wieder auf und schließen Sie mit beiden Händen den Kreis nach oben.
Wiederholen Sie diese Übung und
senken Sie sich beim dritten Mal in
der Ausatmung in den Fersensitz.
◼

◼ 5. Schlange oder Spiralkraft
(4).
Neigen Sie nun bei der Einatmung
den Oberkörper und beide gestreckte Arme über den Boden

142

1 Schutz- oder Bannmudra

3 Der Kreis – das »Einende«

2 Schutz-oder Bannmudra

4 Schlange oder Spiralkraft

nach vorn. Fließen Sie nun im Atemanhalten in einer Schlangenbewegung, bis Ihr Oberkörper und beide Arme gestreckt sind, nach oben. Atmen Sie aus und setzen Sie sich auf die Fersen. Stoßen Sie in der Einatmung erneut über den Boden nach vor und wiederholen Sie die Schlangenbewegung nach oben. Lösen Sie danach in der Ausatmung beide Arme und berühren Sie im Fersensitz mit den Fingerspitzen den Boden. ▨

▨ 6. Das Dreieck I (5).
Sie stellen nun ein Dreieck dar, welches symbolisch das geistige Prinzip Shiva ausdrückt. ▨

▨ 7. Donnerkeil (*Vajra* oder *Lingam*) (6).
Heben Sie in der Einatmung beide Hände und Arme nach oben und falten Sie die Hände über dem Scheitel. Nun kreisen Sie mit den gefalteten Händen dreimal über den Scheitel und führen Sie sie schnell und kräftig bei der Ausatmung zur rechten Körperseite nach unten. Stoßen Sie dabei den Atem laut hörbar durch den Mund aus. Wiederholen Sie dieses Mudra nach der anderen Seite. Gehen Sie nun in den Kniestand, atmen Sie durch und strecken Sie die Arme nach oben. ▨

▨ 8. Rotation (7).
Bei der Einatmung kreisen beide Arme seitlich nach unten und stoßen dann nach oben. Der Blick ist zur Decke gerichtet. – Atemanhalten. – In der folgenden Ausatmung senken Sie beide Arme nach unten und danach fließend

5 Das Dreieck

6 Donnerkeil

7 Rotation

kreisförmig seitlich nach oben. Das Kinn ist angezogen und die Fingerspitzen berühren einander. Wiederholen Sie diese Übung. ▨

143

9. Dreieck II (1).
Nehmen Sie die Position des Dreiecks I (Übung 6) im Fersensitz ein. Die Handflächen werden nach hinten gedreht bis sie nach oben weisen, die Fingerspitzen berühren den Boden.

10. Ehrerbietung (2).
Beschreiben Sie nun im Fersensitz während der Einatmung mit beiden Armen, von unten nach oben, symbolisch eine Hyperbel. Setzen Sie dabei das rechte Bein vorne auf. Stehen Sie nun beim Atemanhalten auf, wobei beide Arme seitlich nach oben und der Blick zur Decke gerichtet sind.

11. Chakrenkonzentration (3).
Während der Ausatmung überkreuzen sich beide Handgelenke. Handrücken weisen zueinander, Arme und Finger sind durchgestreckt. Die folgende, geradlinige Handbewegung nach unten in der Ausatmung, stellt die Wirbelsäule als Weltenachse im Tantra dar. Konzentrieren Sie sich dabei auf die folgenden Chakren in der Wirbelsäule (4). Senken Sie zuletzt beide Arme neben dem Körper, atmen Sie ruhig durch und entspannen Sie sich schließlich im Fersensitz oder auf dem Rücken liegend.

144

1   2 3

1. Reihe:
Scheitel *Sahasrara*-Chakra,
2. Reihe von links nach rechts:
Stirn *Agya*-Chakra,
Kehle *Vishudha*-Chakra,
Herz *Anahata*-Chakra,
3. Reihe von links nach rechts:
Nabel *Manipura*-Chakra,
Genital *Swadhistan*-Chakra und
das Wurzelchakra *Muladhara*-Chakra.

4 *Darstellung der Chakren nach alten Gemälden*

VERSCHMELZEN

»SONNENAUFGANG« IN DER MEDITATION

Viele Menschen leiden an der Unausgeglichenheit zwischen Fühlen und Denken. Sie trennen symbolisch das Herz vom Kopf. Tantra lehrt, daß auf dem Weg zur Selbstfindung weder das Herz noch der Kopf auf Kosten des jeweils anderen dominieren soll.

Jede Bejahung des Geistes, des Herzens und des Körpers sollen dazu benutzt werden, Emotionen und Leidenschaften in Freude umzusetzen.

Diese Ausgewogenheit stellt sich Tantra wie folgt vor:

Das »Feuer der Emotionen« des Herzens schmilzt und destilliert die »Gewässer der Klugheit« des Kopfes.

Diese gegenseitige Bereicherung erfolgt in der Meditation *Dhyana*. Die Psyche, als ein dichter Kern aus Energie, mit der Fähigkeit zur Ausdehnung, vereint den Körper mit dem Geist und führt beide Partner zu ihrem inneren Selbst.

Die ganzheitliche Anschauung im Tantra bejaht jegliche religiöse Überzeugung.

Finden beide Partner zu ihrem ganzheitlichen Wesen, so wird nichts im Leben so bedeutend sein, daß es sie in Unruhe versetzen könnte. Durch die Meditation beginnt die seelisch-geistige Verwirklichung zu dämmern und gleich einem Sonnenaufgang entwickelt sich in beiden Partnern eine neue schöpferische Geburt (1).

Unser Geist pendelt zwischen zwei Extremen, der Aktivität und der Inaktivität.

<u>Die Aktivität</u> *Rasa:* Man wertet zwischen »angenehm» und »unangenehm». Was man als angenehm empfindet, sucht man um jeden Preis. Hat man es gefunden, wird es oft nach einiger Zeit uninteressant, und man versucht, es durch etwas anderes zu ersetzen. Mit Unangenehmem möchte man nichts zu tun haben und verdrängt es.

Diese Einstellung schafft nervöse Anspannung und Unruhe. Durch die Überbewertung des einen, des positiven, wird das andere zwangsläufig vernachlässigt. Jede derartige Entscheidung stellt nach dem Kausalgesetz eine neue Ursache dar, die eine neue Wirkung nach sich zieht.

Man wird von diesem Gesetz von Ursache und Wirkung gesteuert und meint aber, frei entscheiden zu können.

1 Gemeinsame Meditation

Die Inaktivität *Nirodha*: Dieses zweite Extrem kann durch Meditation aktiviert werden und führt zur inneren Ruhe und Stille; dadurch gelangt man zur inneren Sammlung, wird sich des Augenblicks bewußt, weicht seinen Schwächen und Stärken nicht aus und lernt sich dadurch besser kennen. Bewußtsein und Unterbewußtsein treten in Austausch zueinander, statt zu trennen, fügt man zusammen und fühlt sich »rund und voll«.

Im Tantra-Yoga gibt es zwei Arten der Meditation: *Saguna*, die bildliche und *Nirguna*, die abstrakte.

Um zur inneren Sammlung, Ruhe und Stille zu finden, beginnt man mit der bildlichen Meditation.

Saguna, die bildliche Meditation

Sitzen Sie aufrecht, Rücken an Rücken (2) mit Ihrem Partner, in einer Sitzposition (siehe Seite 105, 106). Die Arme sind gestreckt, wobei die Handrücken auf den Knien liegen. Die Zeigefinger sind angewinkelt und berühren die Mitte des Daumens (3). Die anderen Finger sind durchgestreckt. Diese Handhaltung bezeichnet man im Yoga auch als das »große *Mudra*«.

Sie können auch eine andere Hand- und Fingerhaltung einnehmen (Abb. 1 und 2, Seite 148): legen Sie die Handflächen übereinander, wobei die Daumenkuppen einander zart berühren. Zünden Sie zwei Kerzen an, die ungefähr eineinhalb Meter von Ihnen beiden ent-

2 *Saguna, die bildliche Meditation*

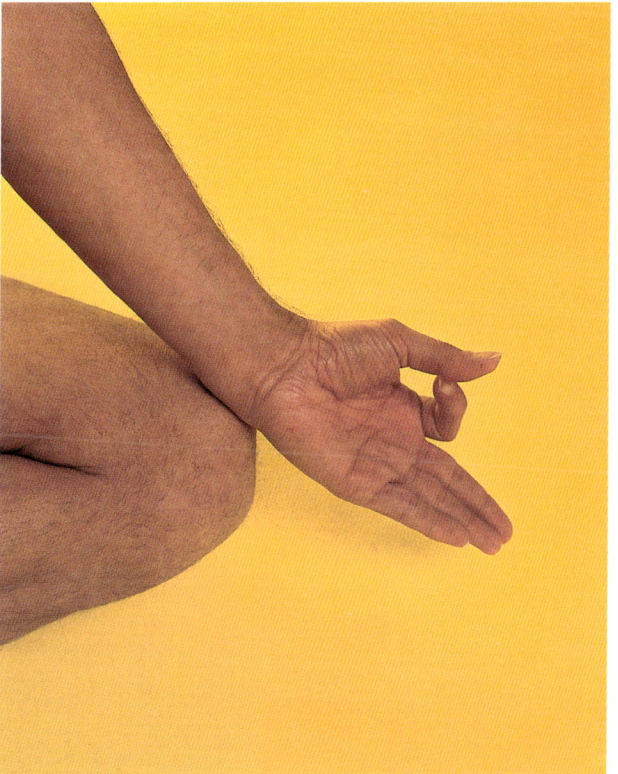

3 *Das »große Mudra«.*

fernt am Boden stehen. Entspannen Sie nun den ganzen Körper, das Kinn, die Zunge, beide Wangen, Lider und die Stirn. Spüren Sie beide Ihre Wirbelsäule und ruhen Sie in Ihrem Lot. Schließen Sie nun die Lider bis auf einen schmalen Spalt und blicken Sie, ohne die Lider zu bewegen, in die Kerzenflamme, *Tratak*. Durch diese Übung werden Augenerkrankungen gebessert sowie Kurz- und Weitsichtigkeit ausgeglichen. Die Hypophyse und die lichtempfindliche Zirbeldrüse als okkultes Kraftzentrum, werden dadurch zur Hormonausschüttung angeregt. Konzentrieren Sie sich auf die gedehnte Ausatmung und die flackernde Kerzenflamme. Sammeln Sie Ihre gesamte Auf-

merksamkeit und lassen Sie, als ob Sie einen Film ansehen, Bilder und Vorstellungen in der Flamme auftauchen und miteinander tanzen. Sie verändern sich zu neuen Strukturen, Farben und Erlebnissen. Lassen Sie dies zu und beobachten Sie es ohne willentlich einzugreifen. Beruhigt sich das Flackern der Kerzenflamme und die Bewegung Ihrer Lider, so breitet sich Gedankenstille in Ihnen aus. Genießen Sie diesen Moment und schließen Sie die Augen. Drehen Sie dabei den Blick leicht nach oben zur Nasenwurzel und nach innen in das Kopfinnere. Sie ruhen nun in Ihrem inneren Raum. Stellen Sie sich dort die Kerzenflamme hell lodernd vor. So öffnet sich Ihr Stirn-Chakra,

148

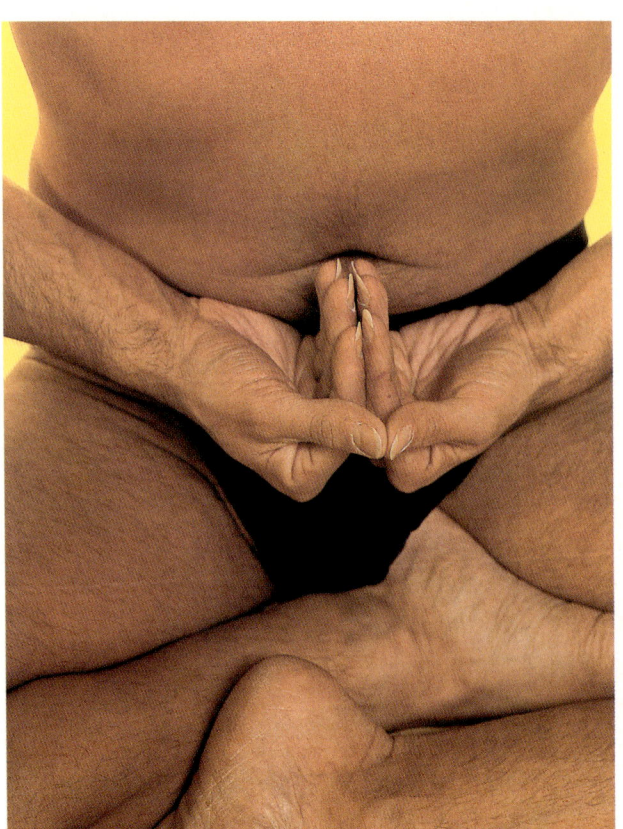

1 Handhaltungen …

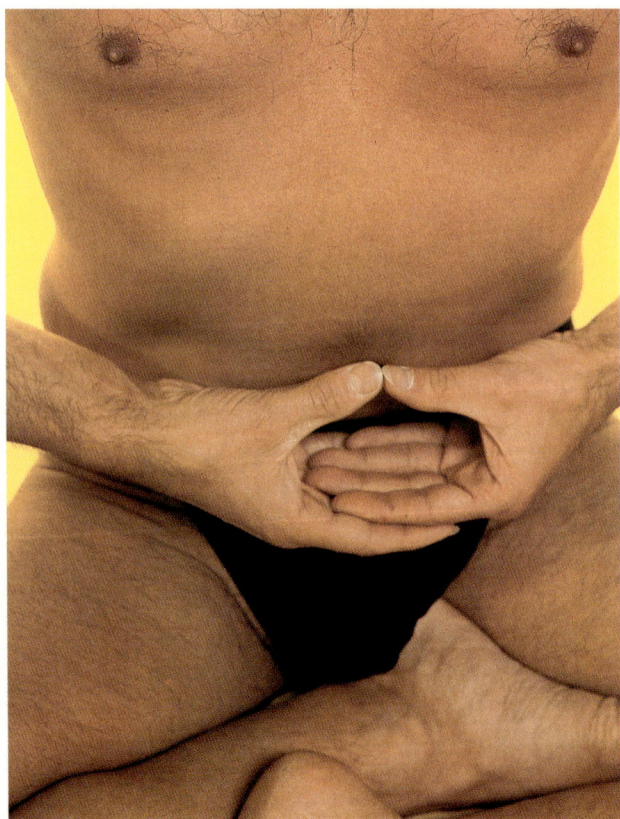

2 … in der Meditation.

3 Die Sonne der gemeinsam erlebten Liebe strahlt nach innen und außen.

1 Eine neue Dimension öffnet sich, Raum und Zeit werden bedeutungslos.

Agya-Chakra, und regt die lichtempfindliche Zirbeldrüse und die Hormonausschüttung an. Genießen Sie den berauschenden *Soma*-Trank, der als Nektar von der Zirbeldrüse – dem inneren Mond, produziert wird und das Gefühl der Liebe in Ihnen erblühen läßt.

Das Scheitel-Chakra, *Sahasrara-Chakra*, öffnet sich nun, und die Flamme strahlt als Lichtermeer in den gesamten Kopfbereich bis zur Fontanelle. Tauchen Sie darin ein und werden Sie zu einer aufgehenden Sonne, die nach innen und außen strahlt.

Öffnen Sie Augen und Herz für Ihren Partner (Abb. 3, Seite 149). Im Tantra-Yoga unterscheidet man drei Bewußtseinszustände: das Wachen, das Träumen und den Tiefschlaf. Erwacht man aus dem Schlaf, so erinnert man sich manchmal an seine Träume, aber niemals an die Phase des Tiefschlafs. Was davon bleibt, ist seelische Entspannung und körperliche Erholung. In der abstrakten Meditation *Nirguna* nähert man sich behutsam und wach dem Geheimnis des Tiefschlafs. Statt zu träumen, oder in »black outs«, Erinnerungslosigkeit, einzutauchen, bleibt das Bewußtsein klar und aufnahmefähig. Das Verbleiben in diesem bewußten Erleuchtungszustand bezeichnet man als *Nirvikalpa-Samadhi* oder *Turya*. Es vereint sich das Unterbewußte mit dem Bewußten und bildet das Überbewußte.

Eine neue Dimension öffnet sich, in der Raum und Zeit bedeutungslos werden und jegliche Dualität sich auflöst. Man verschmilzt mit der Einheit, mit Gott.

Nirguna, die abstrakte Meditation

Beide Partner sitzen in einer Sitzposition aufrecht zueinander (siehe Seite 105, 106). Ihre Fingerspitzen berühren einander, wobei die Hand-flächen zueinander weisen (1). Sie können auch Ihre Hände auf die Knie des Partners legen (siehe Abb. 1, Seite 146).

Um das längere Sitzen zu erleichtern, nimmt man ein Polster zu Hilfe. Entspannen Sie nun alle Muskeln. Schließen Sie beide Augen, konzentrieren Sie sich auf die gedehnte Ausatmung und sinken Sie tief in den inneren Raum. Unzählige Gedanken und Empfindungen erstrahlen darin wie ein funkelnder Sternenhimmel. Gleiten Sie nun in diesen Sternenhimmel, beobachten Sie Ihre Gedanken aufmerksam, ohne sie als angenehm oder unangenehm zu werten und setzen Sie Ihre kosmische Reise fort. Langsam verblassen die Sterne am Firmament und damit Ihre Gedanken. Unendliche Weite und grenzenlose Leere öffnen sich und nehmen Sie auf. Fühlen Sie sich darin geborgen, werden Sie ganz durchlässig und ahnen Sie die zusammenfügende Kraft, der Sie nun begegnen. Zeit und Raum und Sie selbst, lösen sich darin auf (*Shunjata*).

Dies geschieht ohne Ihr willentliches Zutun. Glückseligkeit durchströmt Sie, jede Frage nach einer Antwort erübrigt sich, denn Sie spüren nun das Wesentliche. Es gibt weder Heiliges noch Teuflisches, Sie selbst sind im Zentrum. Diese Verwandlung und wiedergefundene Freiheit, frei von jeglichem Verlangen, wird als unbeschreiblicher Wohlzustand, *Sat* (Sein), *Cit* (Bewußtsein) und *Ananda* (Seligkeit) erlebt. Kopf und Herz sind durch die Meditation miteinander vermählt. Dies wird im Tantra als *Kaivalya*, innere Freiheit, bezeichnet. Statt von der Umwelt abhängig zu sein, nimmt man sein Schicksal selbst in die Hand.

Das höchste Ziel liegt nun in einem selbst und der tatkräftigen Umsetzung im Leben. Russische Wissenschaftler bewiesen durch ein Experiment an Freiwilligen, welche schöpferische Kraft im Unterbewußtsein jedes Menschen ruht. Obwohl die Versuchspersonen keine besonderen Talente zeigten, wurden unter Hypnose kreative Fähigkeiten freigesetzt, die sich zum Beispiel in der Kunst der Malerei äußerten. Fachleute waren über die geschaffenen Kunstwerke erstaunt. Durch die Meditation kann man die Kreativität ohne die Fremdeinwirkung der Hypnose steigern. Hierbei werden Alpha-Gehirnwellen aktiviert, die nicht nur zur Entspannung, sondern auch zum regen Austausch zwischen dem Unterbewußten und Bewußten führen.

Raschere Lernmethoden, wie zum Beispiel beim Erlernen einer Fremdsprache, basieren auf dieser Erkenntnis. Führende Manager in Japan, Amerika und Europa praktizieren die Schulung des Geistes durch die Meditation, um Entscheidungen erfolgreich und rasch zielführend umzusetzen.

Der Geist braucht Flügel, um sich zu erheben. Die Leichtigkeit zu fliegen, beschreibt Tantra dazu wie folgt: Durch die Erleuchtung, erkennen der Mann seine innere Frau und die Frau ihren inneren Mann als geeinten aufleuchtenden Blitz der schöpferischen *Kundalini*-Kraft.

Man betet keinen Gott mehr an, sondern erblickt all dies im eigenen Inneren. Was kann es Schöneres geben, als zusammen mit dem Partner kraftvoll durchs Leben zu gehen und sich durch ihn in allem widerzuspiegeln. Befreit von allem Zwang geht man wie ein Kind, mit offenem Herzen auf andere Mitmenschen zu. Die Natur ist nicht mehr getrennt, sondern man spricht mit den Tieren und Pflanzen und blickt voller Verstehen zu den Sternen am Himmelsgewölbe.

Historische Tabelle

Rechtshändiger weißer Pfad
(sexuelle Vereinigung nur über die Vorstellung)

TANTRISCH-VEDISCHE RICHTUNG

Niederschriften der philosophischen Gespräche zwischen *Shiva* und *Parvati*
agama – nigama
Buddhistische tantrische Schriften
(ca. 300 vor Christus)
Vajrayana- und *Mahayana*-Lehre

Linkshändiger roter Pfad
(praktische sexuelle Vereinigung)

Asketischer Pfad

HINDUISTISCH-TANTRISCHE RICHTUNG
Shiva-Shakti-Kult

VEDISCHE RICHTUNG

Tantrische Schriften:
Kamasutra, Puranas
Saktisamgama, Kularnava,
Mahanirvana, Tantraraja
(300 vor bis 600 nach Christus)

Schriften der Veden (1500 vor Christus)
Schriften der Brahmanen (900 vor Christus)
Schriften der Upanishad (800 vor Christus)
Schriften der Samkhya (550 vor Christus)
Schriften des Patanjali (200 vor Christus)

154

Tantra wurde mündlich über
Jahrtausende weitergegeben

VEDEN – HINDUISMUS –
INDO-
ARIER
2000
v.Chr.

SHIVA – PARVATI (SHAKTI)

TANTRA
4000 v.Chr.

INDUS-
ZIVILISATION

Fruchtbarkeitskult
(9000-6000 v.Chr.)

Glossar

Akropolis	befestigte Anlage
Anahita	altiranische Fruchtbarkeits-göttin (400 v. Chr.)
Ananda	Glückseligkeit, Wonne
Ananga Ranga	tantrische Nieder-schrift (12. Jhdt.)
Anu	Atom
Apana	Gegenkraft zu Prana, aktiviert Ausatmung, Ausscheidung, Orgasmus und Geburt
Aphrodi-siaka	Mittel zur Anregung der Sexualität und Erektionsfähigkeit
Asana	Körperstellung, Liebesposition
Askese	strenge Enthalt-samkeit
Aura	Energiefeld
Bandha	innerer Verschluß
Bandha Traya	Kombination aller drei Verschlüsse (Kundalini-erweckung)
Bioenergetik	westliche Therapie, Freiwerden von unterbewußten Konfliktsituationen durch Atmung und Körper-positionen (Begründer: Loewel)
Black out	Erinnerungslosigkeit

Bob Dylan	berühmter ameri-kanischer Musiker und Sänger der 60er Jahre
Brahmanen	Priesterkaste in Indien
Buddhismus	östliche Weltreligion (600 v. Chr.)
Cit	Bewußtsein
Dharana	Konzentration
Duti	Botin
Endokrine Drüsen	innersekretorische Drüsen (sondern wichtige Hormone direkt in das Blut und in die Lymph-gefäße ab)
Gunas	Universelle Kräfte (tamas, rajas, sattva)
Ida	weibliche Mond-energie (negative Ladung)
Innana	Sumerische Frucht-barkeits- und Kriegsgöttin
Jalandhara Bandha	Kinnverschluß
Kaivalya	innere Freiheit, neue spirituelle Geburt
Kali	Mondgöttin der Induszivilisation (Fruchtbarkeits göttin)
Kamasutra	(= Kamasutram) Moralische Nieder-schrift über die Kunst der Liebe im alten Indien

Kanda	Sammelstelle der inneren Energie-kanäle
Karma	wirkende Tat in Worten und Handlungen
Khechari Mudra	vierter innerer Verschluß, gehei-mer Zungen-verschluß
Krya	praktische Reini-gungsübungen für den Körper, die Seele und den Geist
Kumbhaka	Atemanhalten
Kundalini	Urkraft, Spiral-Schlangenkraft, potentiale Kraft im Menschen
Libido	Lebenskraft (Freud-sche Therapie) Sexualkraft
Lingam	männliches Glied
Mantra	spirituelle Mitteilung
Maithuna	sexuelle Vereini-gung im Tantra
Maya	Schicksalsrad
Meditation	Geistbetrachtung
Nadi	feinstofflicher innerer Energie-kanal im Menschen
Nirguna	abstrakte Meditation
Nirvikalpa Samadhi	höchster Erleuch-tungszustand
Parvati	Spirituelle Gefährtin Shivas

155

Pingala	männliche Sonnen-energie (positive Ladung)	
Prana	Lebensenergie	
Pranayama	Atemdehnung	
Pratyahara	Sinne nach Innen ziehen	
PSI-Kräfte	paranormale Fähigkeiten	
Puja	Verehrung, Anbetung	
Puraka	Einatmen	
Rechaka	Ausatmen	
Rig Veden	älteste Niederschrift der Veden (1500 vor Christus)	
Sadhana	praktische Yogaübung	
Samadhi	Erleuchtung	
Sat	Sein	
Schamane	Vermittler zum Jenseitigen, Orakel und Heiler in den Naturreligionen	
Shakti	schöpferisch – weibliches Prinzip	
Shiva	großer Yogi und Gott der Hindus	
Siddhis	magische Kräfte im Tantra	
Soma	Lebens- und Lustelexier	
Soma - Trank	berauschendes Getränk der indi-schen Arier	
Sthula bhutani	Molekül	
Sushumna	Hauptkanal oder Zentralkanal der *Nadis*	

156

Sufismus	ekstatische spiritu-elle Richtung im Islam (Synthese von Islam und Yogatechniken)
Tamili	südindische Sprache, Schrift (100 nach Christus)
Tantra	Gewebe, Ineinan-derverflechtung, Selbstfindung über die Ekstase und Sexualität – Loslösung zur inneren Freiheit
Trigono-metrische Funktionen	wichtigster Teil der rechnenden Geometrie, Drei-ecksberechnungen in der Winkel-funktion der Feldmeßkunst
Trutis	kleinste Zeiteinheit
Uddiyana Bandha	innerer Verschluß, Bauchverschluß
Upani-shaden	klassische Yoga-schriften (800 vor Christus)
Vipassana-Meditation	Buddhistische Meditationsform der Sanftheit (Betrach-tung des Atems)
Vayus	Lebensenergie (Lebenslüfte)
Veden	spirituelle Nieder-schrift der arischen Inder
Wirkkraft	Seele
Yoga	vereinen, über-brücken, systema-tisch aufgebaute Methodik der Selbst-findung (5000 vor Christus)

Yogi	männlicher Yoga-ausübender
Yogini	weibliche Yoga-ausübende
Yoni	weibliches Geschlechtsteil
Zarathustra	altiranischer Religionsgründer (700 vor Christus) (Reich des Lichtes und Reich der Finsternis-Religion)
Zen	Buddhistische Meditationsform aus Japan. Aus dem Ch'an in China entwickelt.
Zend - Avestha	Niederschrift der altiranischen spirituellen Lehre (1000 vor Christus)

Register

Literaturhinweise

Arthur Avalon, *Die Schlangenkraft. Die Entfaltung schöpferischer Kräfte im Menschen.* Übers. von Gerhard Laqua. O. W. Barth – Scherz Verlag 1978

Arthur Avalon, *Shakti und Shakta. Lehre und Ritual der Tantras.* O. W. Barth – Scherz Verlag 1987

Kurt Benesch, *Ärchäologie. Eine Einführung.* Orbis Verlag 1990

Nik Douglas/Penny Slinger, *Das große Buch des Tantra. Sexuelle Geheimnisse und die Alchemie der Extase.* Sphinx Verlag 1989

Nik Douglas/Penny Slinger, *Liebe & Erotik. In der Malerei Indiens und Nepals.* Aus dem Amerikan. von Jürgen Saupe. Sphinx Verlag 1989

Mircea Eliade, *Schamanismus und archaische Ekstasetechnik.* Aus dem Franz. von Inge Köck. Suhrkamp 1975

Mircea Eliade, Yoga. *Unsterblichkeit und Freiheit.* Aus dem Franz. von Inge Köck. Insel Verlag 1988

Oskar Hodosi, *Yoga – Der Schrei nach Leben.* Herder Verlag 1990

André van Lysebeth, *Tantra für Menschen von heute.* Mosaik Verlag 1988

John Mumford, *Tantrische Sexualmagie. Theorie und Praxis der okkulten Liebe.* Aus dem Engl. von Udo Breger. Sphinx Verlag 1991

John Mumford, *Psychosomatischer Yoga. Der östliche Pfad zu geistigem und körperlichem Wohlbefinden.* Aus dem Am. von Sunsanne Seiler. Sphinx Verlag 1988

Patanjali, *Die Wurzeln des Yoga.* Hrsg. u. übers. von Bettina Bäumer. W. O. Barth – Scherz Verlag 1982

Swami Rama, *Die Yoga Wissenschaft. Eine Einführung in Wissenschaft und Praxis.* Aus dem Engl. von Silvia Bohling. Verlag 'Ganzheitlich leben' 1989

Gerburg Treusch-Dieter/Herbert Hrachovec/Wolfgang Pircher, *Mythen der Rationalität.* Turioa und Kant Verlag 1990

Bewußtseinszauber

Oskar Hodosi   Michaela Trpin

Klassisches Yoga
(für Anfänger und Fortgeschrittene)

Problemlösung

Tantra Yoga
(für Einzelpersonen und Paare)

Ausbildung zum Integral-Yogalehrer

Kontakt mit dem Autor:
Oskar Hodosi, Lacknergasse 35/24, A-1170 Wien, Telefon 02 22 / 45 20 583

Informationen über Kurse und Seminare:
Österreich: Michael Trpin, Telefon 02 22 / 45 20 583

Deutschland: Doris Krüger, Telefon 0 87 73/860

Schweiz: Telefon 0 55/64 37 49

Seminar- und Ausbildungszentren auf zwei wunderchönen Inseln mit

Bali – »Paradiesinsel«

Die Insel der Götter und Dämonen besticht durch ihre mystische Schwingung. Kilometerlange Sandstrände, Reisterrassen, Vulkanberge – die als heilig gelten – und Dorfgemeinschaften in ihrer ursprünglichen Form faszinieren. Tempel und Tempelfeste, Zeremonien und rituelle Tänze, sowie das Beiwohnen an schamanistischen Zeremonien lassen die Insel zum Erlebnis werden.

Stromboli – »Vulkaninsel«

Diese nördlichste der Äonischen Inseln vor Messina besticht durch einen aktiven Vulkan, der in Intervallen von zwanzig Minuten Lava und Gaswolken hunderte Meter hochschleudert. Das Feuer war schon immer ein Symbol für Reinigung, Transformation und Neubeginn. Der blaue Himmel, das klare Meer und der schwarze Sandstrand laden zu einem überwältigenden Erlebnis ein, bei dem die innere Kraft stärker und klarer ins Bewußtsein dringt.

Mit gruppendynamischen Übungen, Asanas, Heilatmung, Tanz, Energiemassage, Mantras, Meditation und Astralreisen.

Oskar Hódosi

YOGA
DER SCHREI NACH LEBEN

Westliche Lebensdynamik –
östliche Lebensschau

Der Autor, ein Fachmann auf dem Gebiet Yoga, möchte mit diesem Buch auf die umfassende Lebensschau, die die eigentliche Bedeutung des Yoga ausmacht, hinweisen und diese betonen. Er zeigt dem Leser die mögliche Verbindung von westlicher Lebensdynamik mit östlicher Lebensschau. Die zahlreichen Farbfotos der Körperübungen werden höchsten ästhetischen Ansprüchen gerecht. Sie stellen das Zusammenspiel zwischen Mensch und Natur wunderschön in den Vordergrund. Der Leser wird animiert, selbst zu üben. Die Anleitungen sind kurz und verständlich gehalten. Sie werden durch Graphiken des Autors untermauert. Besonders klare und ausführliche Erklärungen über das Kundalini-Yoga sind ebenfalls enthalten.

Ein Buch, das Anleitung, Lesebuch und Bildband in einem ist und sich für Anfänger genauso wie für Fortgeschrittene dieser Meditationsform eignet. Zusätzlich wird auch eine Videokassette als hilfreiche Unterstützung zum Übungsprogramm angeboten.

282 teilw. vierfarbige Abb.
192 Seiten
gebunden mit Schutzumschlag

ISBN 3-210-24961-X

dazu Videokassette:
Laufzeit 45 Min., VHS

herder